Solo amigos

... und viele weitere Kurzgeschichten aus dem spanischen Alltag

von
Iván Reymóndez Fernández
Manuel Vila Baleato

PONS
5-Minuten-Lektüren SPANISCH
Solo amigos ... und viele weitere Kurzgeschichten aus dem spanischen Alltag

von
Iván Reymóndez Fernández (Geschichten und Mind-Maps 3, 5, 9, 10, 11, 13, 15, 17, 18, 20)
Manuel Vila Baleato (Geschichten und Mind-Maps 1, 2, 4, 6, 7, 8, 12, 14, 16, 19)

2. Auflage 2024

www.pons.de

Projektleitung: Canan Eulenberger-Özdamar
Redaktion: Nadine Stephan
Logoentwurf: Erwin Poell, Heidelberg
Logoüberarbeitung: Sabine Redlin, Ludwigsburg
Innenlayout: Petra Michel, Essen
Satz: Datagroup Int. SRL, Timisoara
Druck: Multiprint Ltd., Kostinbrod

ISBN: 978-3-12-562282-1

Schenken
Sie diesem Vorwort
5 Minuten Zeit!

Die Geschichten

Perfekt für 5 Minuten!
In diesem Buch finden Sie 20 kurze spanische Geschichten, mit denen Sie wunderbar jede Pause, Wartezeit oder Busfahrt verkürzen können.

Mit locker-leichten Geschichten lernen Sie den **spanischen Alltag** kennen und erweitern mühelos Ihren Spanisch-Wortschatz zu grundlegenden Themen.

Lesefreundlich!
Worthilfen stehen direkt über dem Wort, z.B.: Haus **casa**.
So können Sie weiterlesen, ganz ohne Blättern im Wörterbuch. Manche Wörter sind **rot** markiert. Das sind Wörter, die in den **Mind-Maps** auftauchen. Dazu mehr auf der nächsten Seite!

Platz für Notizen
Der große Zeilenabstand bietet auch Raum für Ihre eigenen Eintragungen.

Die Mind-Maps

Das wird Ihr Gehirn lieben!
Unser Gehirn freut sich über Strukturen. Es sortiert Dinge gerne in Gruppen, da es sie sich so leichter merken kann.

Wortfelder statt Listen
Auch Wörter lassen sich in thematisch zusammenhängenden Gruppen viel einfacher lernen und merken als in umfangreichen Listen.

Natürlicher Gedankengang
Wenn Sie an einen Begriff denken, dann meistens nicht an diesen allein! In der Regel haben Sie, wie auf einer Gedanken-Landkarte (Mind-Map), verwandte Dinge vor Augen.

Deshalb finden Sie nach jeder Geschichte eine **Mind-Map**, die das zentrale Thema der Geschichte in Form von Vokabeln aufgreift und weiterführt. Hier begegnen Ihnen die rot markierten Wörter aus den Geschichten wieder und viele weitere. Sie sind thematisch gruppiert und liebevoll illustriert.

Viel Spaß & Erfolg beim Entdecken wünscht Ihnen die PONS-Redaktion

INHALT

Con la salud no se juega

A sus 80 años, Pedro Martínez nunca ha estado **ingresado** (eingeliefert) en un **hospital** (Krankenhaus) y no ha tenido una **operación** (Operation) en su vida. Hasta que **se jubiló** (er in Rente ging) prácticamente no necesitó ir al **médico** (Arzt) y siempre ha odiado el ambiente de los hospitales. Pero **los años no pasan en balde** (die Jahre gehen nicht spurlos vorbei) y su **rodilla** (Knie) derecha ahora **le pasa la factura** (rächt sich an ihm) de los excesos deportivos en su juventud. El **dolor** (Schmerz) en la pierna es cada vez mayor y desde hace muchos meses le cuesta caminar.

Don Pedro comprendió realmente la importancia de la medicina cuando comenzó la pandemia del **coronavirus** (Coronavirus) y toda la población vivió un **confinamiento** (Lockdown) de muchas semanas. Él, que siempre ha tenido una salud excelente, fue una de las primeras personas en ponerse la **vacuna** (Impfung). También llevó la

mascarilla (Gesichtsmaske) desde el primer momento cuando el ministro de Sa ud lo recomendó, y siempre respetó todas las **normas sanitarias** (Gesundheitsstandards). Por suerte, él no **se contagió** (steckte sich an), pero alguno de sus amigos sí que **fue positivo** (war positiv) y lo pasó realmente mal, incluso con **efectos secundarios** (Nebenwirkungen) mucho tiempo después de **estar enfermo** (krank gewesen zu sein).

La semana pasada el **doctor** (Doktor) Prado, su **médico de cabecera** (Hausarzt), le comunicó que tiene la solución a su problema:

—Señor Martínez, ya sé que a usted no le gustan los hospitales ni las operaciones, pero para caminar sin dolor, es necesaria una operación de rodilla.

—Pero... ¿quiere decir usted una operación... de verdad? —pregunta don Pedro con mucho respeto.

—Pues claro, hombre, pero no tiene que tener miedo. En el *Hospital Santacruz* en León, contamos con los mejores profesionales. Allí está Soto, que conozco personalmente, y puede hacer la operación la próxima semana.

—¿Soto? —pregunta don Pedro no muy seguro mientras con la mano toca su rodilla en un gesto **inconsciente** (unbewusst).

—Sí, es especialista en medicina deportiva, una eminencia a nivel nacional. Incluso futbolistas profesionales de **primera división** (erste Liga) vienen a operarse aquí… —le comenta el doctor Prado a su **paciente** (Patient) porque sabe que así le va a dar tranquilidad.

Dicho y hecho, una semana más tarde, la hija de don Pedro lo acompaña al *Hospital Santacruz* donde se va a realizar la operación. Cuando al llegar los dos entregan la documentación, don Pedro está un poco nervioso. Una **enfermera** (Krankenschwester) muy simpática los **atiende** (bedient) amablemente y después de llenar un formulario les dice:

—¡Está todo listo! ¿Está usted preparado?

—La verdad es que no, pero imagino que nunca lo voy a estar, así que… ¡**cuanto antes, mejor**! (je früher, umso besser)

La enfermera sonríe y le dice mientras mira al final del pasillo:

—Mire, señor Martínez, precisamente ahí viene su **ángel de la guarda** (Schutzengel)… La persona gracias a quien va a volver a caminar sin dolor.

Don Pedro mira entonces al final del pasillo y solo ve a una mujer de unos 30 años con una **bata** (Kittel) blanca con **aspecto** (Aussehen) de ser una doctora en prácticas. La mujer se acerca a ellos, pero está bastante lejos todavía, así que no puede escuchar a don Pedro que le dice a la enfermera:

—Perdón, un momento... Creo que hay un error. Mi médico de cabecera, el doctor Prado, me habló de una eminencia en medicina deportiva, uno de los mejores profesionales del país, el doctor Soto. Él es el especialista que va a hacer mi operación.

Entonces, la enfermera se gira hacia la joven doctora que ya está cerca de don Pedro y le dice:

—¡Buenos días, doctora Soto! Le presento a su nuevo paciente, don Pedro Martínez, que ya sabe que es usted una de las mejores doctoras de todo el país en este tipo de operaciones.

beschämt

Un poco **avergonzado**, don Pedro le ofrece la mano para saludarla y le sonríe amablemente.

—Mucho gusto, doctora Soto, encantado de estar en sus manos.

tener fiebre
Fieber haben

tener dolor de cabeza
Kopfschmerzen haben

tener dolor de garganta
Halsschmerzen haben

estar enfermo/-a
krank sein

marearse
übel/schwindelig werden

tener catarro
Schnupfen haben

vomitar
erbrechen

toser
husten

sentir escalofríos
Schüttelfrost haben

tener una fractura
einen Bruch haben

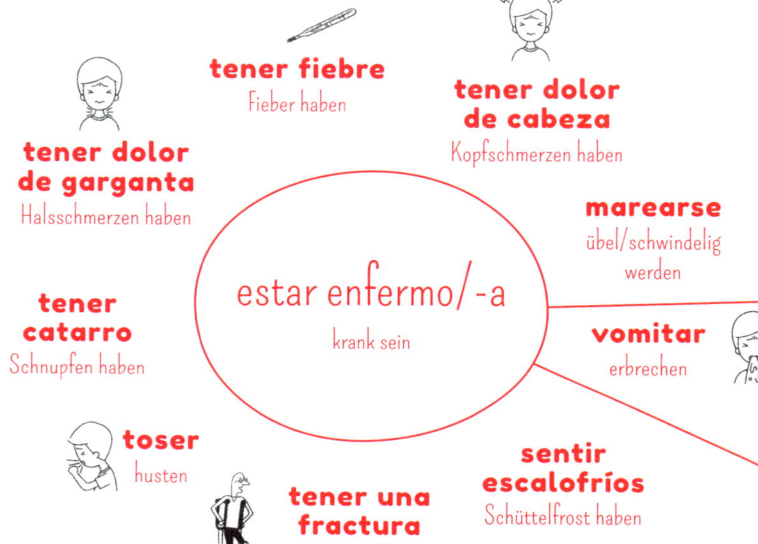

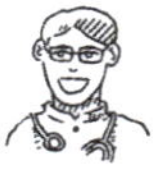

el/la médico/-a (de familia / de cabecera)
(Haus)Arzt/Ärztin

el/la doctor/a
Doktor/in

el/la paciente
Patient/in

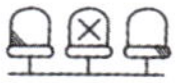

la sala de espera
Wartezimmer

la consulta y el hospital
Praxis und Krankenhaus

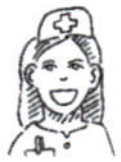

el/la enfermero/-a
Krankenpfleger/-schwester

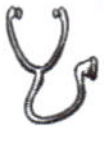

el examen
Untersuchung

la receta
Rezept

la operación
Operation

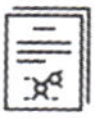

el parte de baja
Krankschreibung

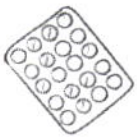

la pastilla
Tablette

la pomada
Salbe

el desinfectante
Desinfektionsmittel

el jarabe
Sirup

el tratamiento
Behandlung

el esparadrapo
Pflaster

la inyección
Spritze

el vendaje
Verband

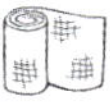

el supositorio
Zäpfchen

el yeso
Gips

la compresa (fría/caliente)
(kalte/heiße) Kompresse

la enfermedad
Krankheit

ser positivo/-a
positiv sein

ser negativo/-a
negativ sein

la prueba PCR
PCR-Test

el coronavirus
Coronavirus

el test rápido
Schnelltest

la mascarilla
Gesichtsmaske

la cuarentena
Quarantäne

la vacuna
Impfung

el confinamiento
Lockdown

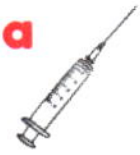

la incidencia
Inzidenz

Carta a mí mismo

Fecha de hoy, todos los días

¡Buenos días, querido Emilio!

Estoy escribiendo estas letras exactamente el día en el que la doctora Beltrán me acaba de dar la noticia. La fecha no es relevante para ti, tú tienes que leer esta carta todos los días del mismo modo porque hoy es tan actual como ayer o como mañana.

En realidad tengo que decir que solo acabo de **confirmar** (bestätigen) lo que **sospecho** (ich vermute) desde hace meses, algo que ya pensé alguna vez incluso antes. Y aunque es muy difícil de aceptar, tengo que aprender a vivir con esas palabras que la Dra. Beltrán me acaba de decir **en voz alta** (laut): "Don Emilio, tiene usted Alzheimer".

Por eso te escribo esta carta que debes leer a partir de ahora cada mañana después de levantarte.

Lo hago porque te quiero recordar que has sido muy feliz.

Y, **a pesar de** (trotz) todo, imagino que todavía lo eres, aunque quizás ya no lo sabes o hay días en los que ya no estás seguro de nada. Posiblemente va a llegar una mañana en la que vas a dudar sobre la identidad de esa mujer encantadora que todos los días se preocupa tanto de ti.

Quizás tú ya no lo recuerdas bien, pero ella es María, tu **esposa** (Ehefrau). Es la misma chica que te **volvió loco** (verrückt machte) a los 20 años y de la que te enamoraste en la facultad donde ambos estudiasteis. La misma universidad en la que tú mismo, después de acabar la **carrera de Derecho** (Studiengang Jura), diste clase tantos años.

Sé que piensas que a pesar de su pelo **cano** (grau) y las **arrugas** (Falten) de su cara, María todavía está muy guapa. Estoy seguro de que algo así va a pasar por tu cabeza cada mañana.

Lo que quizás ya no vas a recordar son los primeros besos que ambos compartisteis en aquellos pasillos universitarios cuando os hicisteis **novios** (feste Freunde) o cuando hicisteis el amor por primera vez sobre la arena de la playa, a la luz de la luna, ni todos los **atardeceres** (Abenddämmerungen) que vivisteis juntos.

El terrible miedo que me da olvidar momentos así me obliga a escribirlos aquí y ahora, cuando todavía los recuerdo perfectamente. Tienes que tener presente cada día que quieres a esa mujer con toda tu **alma** (Seele). Recuerda eso siempre.

Juntos formasteis una **familia** (Familie) y levantasteis esa casa en la que ahora te encuentras.

La primera en llegar fue vuestra **hija** (Tochter) Laura, una niña rubia preciosa que todavía hoy tiene aquellos ojos del color del cielo. Cada vez que viene a verte, te **muerde** (beißt sie) suavemente la oreja porque así lo hacía ya de niña mientras tú te reías. Y así lo hacen también ahora tus **nietos** (Enkelkinder), los hijos que ella ha tenido con su **marido** (Ehemann) Pablo.

Mateo y Noa hacen lo mismo que su **madre** (Mutter) a su edad para escuchar también como **tú te ríes a carcajadas** (du aus vollem Halse lachst).

Tu hijo Luis y su **mujer** (Ehefrau) Marta tienen unas **gemelas** (Zwillinge) preciosas que se llaman Julia y Lorena. Ellas siempre te llaman "abu", su forma de **acortar** (abzukürzen) la palabra **abuelo** (Großvater) y que tanto te gusta. Si entran en casa y te saludan así, usa "Ju" y "Lo" para **referirte** (dich zu beziehen) a ellas y disfruta de las sonrisas con las que ambas reaccionan entonces.

Tus amigos Javi y Alberto también van a visitarte a veces, así que recuerda que aunque ellos son del FC Barcelona, tú siempre has sido **aficionado** (Fan) del Real Madrid. Con ellos te une toda una vida de amistad y muchos momentos felices que seguro que te van a contar una y otra vez. En vuestras conversaciones os encanta repetir las anécdotas de vuestra juventud y tú vas a escucharlas como la primera vez. Y ellos, aunque sí las recuerdan perfectamente, se van a reír también porque nunca **se cansan de** (sie haben satt) ellas.

Lee y relee esta carta cada día al despertarte para meterla luego en el cajón de la mesilla de noche de tu habitación. De esa forma, la vas a encontrar de nuevo cada mañana para levantarte siempre con una sonrisa enorme.

Recuerda lo que es de verdad importante: querer siempre a todos los que están a tu lado. Ellos lo hacen de corazón.

Yo (**o sea** (also), tú).

la familia
Familie

los parientes de sangre
Blutsverwandte

el/la abuelo/-a
Großvater/-mutter

el padre
Vater

la madre
Mutter

el/la hermano/-a
Bruder/Schwester

el/la hijo/-a
Sohn/Tochter

el/la sobrino/-a
Neffe/Nichte

el/la tío/-a
Onkel/Tante

el/la nieto/-a
Enkel/in

el/la primo/-a
Cousin/e

la familia patchwork
Patchworkfamilie

el padrastro
Stiefvater

la madrastra
Stiefmutter

el/la hijastro/-a
Stiefsohn/-tochter

el/la hermanastro/-a
Halbbruder/-schwester, Stiefbruder/-schwester

los parientes políticos
angeheiratete Verwandte

la mujer / la esposa
Ehefrau

el/la suegro/-a
Schwiegervater/-mutter

el marido/ el esposo
Ehemann

el yerno
Schwiegersohn

la nuera
Schwiegertochter

el/la cuñado/-a
Schwager/Schwägerin

más vocabulario de familia
weiterer Familienwortschatz

los/las gemelos/-as
(eineiige) Zwillinge

los/las mellizos/-as
(zweieiige) Zwillinge

el/la hijo/-a único/-a
Einzelkind

la pareja
Partner/in

el/la hermano/-a mayor
ältester Bruder / älteste Schwester

el/la hermano/-a menor
jüngster Bruder / jüngste Schwester

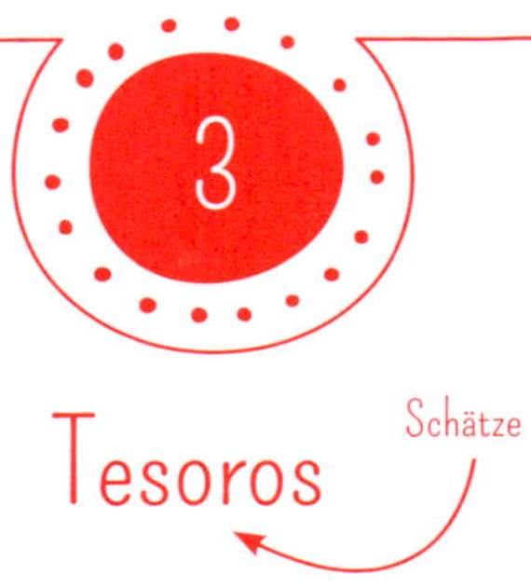

Tesoros (Schätze)

Sonia y Jorge eran buenos amigos. Cada día, después de la escuela, los esperaban sus madres para ir juntos al **parque** (Park). Allí comían un bocadillo y **jugaban a** (spielten) mil cosas. Era un momento mágico, excepto porque muchas veces estaba allí también "la **bruja**" (Hexe), una señora con cara de mal humor y que los miraba con odio. A veces protestaba sobre ellos a sus madres:

—Estos niños gritan todo el tiempo y no me dejan leer el periódico tranquila.

Pero también estaba el señor Pedro, que era todo lo contrario, muy amable y siempre tenía **caramelos** (Bonbons) y dulces.

Todos los **juegos** (Spiele) les gustaban: la **rayuela** (Himmel und Hölle), el **escondite** (Verstecken), **saltar a la cuerda** (Seilspringen), las **canicas** (Murmeln), **policías y ladrones** (Polizei und Dieb), **fútbol** (Fußball)... Pero su juego favorito era **buscar tesoros** (Schätze suchen). Su sueño era que un día encontraban en un viejo libro un mapa que llevaba a uno. Y fue entonces que una tarde vieron que el señor Pedro **paseaba** (ging spazieren) por el parque con una especie de **palo** (Stab) metálico en las manos.

—Señor Pedro, ¿qué hace?

El hombre los miró sonriente.

—Estoy buscando un tesoro con este detector de metales.

Sonia y Jorge se quedaron sin palabras.

—¿Cómo? ¿Un tesoro aquí?

El señor Pedro miró a un lado y a otro y les dijo **en voz baja** (leise):

—¿Podéis guardar un secreto?

Sonia y Jorge **asintieron** (nickten) al mismo tiempo. El hombre sacó un papel **amarillento** (gelblich) de su bolsillo.

—Según este mapa que he encontrado en un viejo libro —y lo abrió ante sus ojos sorprendidos —, aquí está escondido un tesoro. ¿Veis? —y señaló un punto que estaba marcado con una cruz—. Aquí pone que está debajo del quinto **árbol** (Baum) después de la **fuente** (Springbrunnen).

—¡No puede ser! —dijeron ambos.

Luego, bajando aún más la voz les dijo:

graben

—Durante el día no se puede **cavar** en un jardín público. Así que voy a venir esta noche.

En ese momento sus madres los llamaron y Jorge y Sonia tuvieron que marcharse. Pero durante el camino a casa, no podían hablar de otra cosa. Decidieron escaparse por la noche.

El parque no estaba lejos de casa. Pero ¡qué diferente era todo de noche! No había casi nadie por las calles. Las tiendas estaban cerradas. A veces pasaba un coche. ¡Qué silencio! Cuando llegaron al parque, el señor Pedro ya estaba allí. No parecía sorprendido de verlos.

—¿Habéis venido solos? ¿Os ha visto alguien? —les preguntó.

—No, nadie.

—Bien —dijo el señor Pedro mientras los cogía de la mano—, pues vamos. Es por aquí.

Jorge iba contando los árboles: uno, dos, tres, cuatro, cinco...

—¿No es aquí? Es el quinto árbol.

El señor Pedro no dijo nada y les apretaba las manos cada vez más. Entonces, Sonia se paró.

—Esto no me gusta, me duele. ¡Quiero volver!

—Cállate, niña —dijo el viejo.

—¡Déjenos ir! —gritó Jorge también mientras intentaba escapar.

De repente, una luz **iluminó** (beleuchtete) la cara del señor Pedro.

—**Suelta** (Lass los) a los niños.

El señor Pedro pareció muy **asustado** (erschrocken), los soltó y se marchó rápidamente. De la oscuridad salió "la bruja" del parque con una **linterna** (Taschenlampe).

—Cuando escuché lo que os contaba este señor, me preocupé mucho. ¡No hay que confiar en gente desconocida!

—¡Gracias! —dijeron los dos al mismo tiempo—. Siempre pensábamos que usted era una bruja.

La siguieron por varios caminos hasta que llegaron a una casa y antes de poder reaccionar, la mujer los había metido dentro y había cerrado la puerta.

—¡Y lo soy!

Al día siguiente, en otro parque de la ciudad, la mujer con cara de bruja se sentó en un **banco** (Bank) para leer el periódico y esperar nuevas **presas** (Beute).

la farola
Straßenlaterne
la fuente
Springbrunnen
el banco
Bank
las partes del parque
Bestandteile des Parks
el sendero
Weg
el estanque
Teich
el columpio
Schaukel
el basurero
Mülleimer
el tobogán
Rutsche
en el parque
im Park
correr
laufen
jugar
spielen
descansar
sich ausruhen
las actividades
Beschäftigungen
columpiarse
schaukeln
tomar el sol
sich sonnen
pasear
spazieren gehen
charlar
plaudern

los juegos
Spiele

saltar a la cuerda
Seilspringen

jugar al escondite
Verstecken spielen

jugar al pilla pilla
Fangen spielen

jugar a la rayuela
Himmel und Hölle spielen

jugar a las canicas
mit Murmeln spielen

jugar al fútbol
Fußball spielen

buscar tesoros
Schätze suchen

jugar a policías y ladrones
Polizei und Dieb spielen

plantas y animales
Pflanzen und Tiere

el arbusto
Busch

el árbol
Baum

el césped
Rasen

la flor
Blume

el cisne
Schwan

la paloma
Taube

el pato
Ente

Para siempre

Mi madre nació en una casa sin televisión, radio ni teléfono a mediados del **siglo XX** (20. Jahrhundert). Pero creció en una habitación con estanterías llenas de libros. Ella todavía recuerda como un gran momento para su familia el día en el que una radio entró por primera vez en su casa. Tuvo su primer televisor en color muchos años más tarde, después de casarse y quedarse **viuda** (Witwe), poco antes de mi nacimiento. Yo no conocí a mi papá que murió en un accidente de trabajo en una **plataforma petrolífera** (Bohrinsel). Gracias al **seguro de vida** (Lebensversicherung) de la compañía, nunca tuvimos problemas económicos, pero mi madre educó sola.

El primer **ordenador** (Computer) llegó a nuestra casa a finales de los años 90, cuando yo empecé mis estudios en la universidad.

Mi madre descubrió el mundo de **internet** (Internet) años más tarde, ya después de su **jubilación** (Pensionierung). Tras crecer en un mundo sin tecnologías y casi a los 70 años, empezó a **navegar en la red** (im Netz zu surfen) a diario.

Para mí fue una gran sorpresa escuchar de repente de su boca palabras como **contraseña** (Passwort), **wifi** (WLAN) o **tarifa plana** (Flatrate).

Poco después empezó su actividad en las **redes sociales** (soziale Netzwerke).

Cuando recibí su **solicitud de amistad** (Freundschaftsanfrage) en una de las grandes plataformas, acepté inmediatamente y escribí un **comentario** (Kommentar) en su **muro** (Wand) para felicitarla.

Poco a poco me acostumbré a ver su actividad en la red y todavía hoy hago comentarios si **sube una foto** (sie ein Foto hochlädt) o le **envío** (ich schicke) **mensajes** (Nachrichten) o un **emoticono** (Emoji) cuando cambia su **estado** (Status) o su **foto de perfil** (Profilbild).

No sé cuándo, pero en algún momento, ella también descubrió las plataformas de compra y **venta** (Verkauf) en internet. Y entonces, además de vender un montón de **trastos** (Gerümpel) viejos, empezó a **comprar** (kaufen) libros. A decir verdad, empezó a comprar sobre todo un libro, o mejor dicho, diferentes ejemplares de un libro, *La casa de los espíritus*, de Isabel Allende.

Desde entonces, cada vez que la veo, me muestra su nuevo ejemplar de la primera edición de un libro que, evidentemente, tiene un significado especial para ella.

Desde hace más de diez años, busca y compra esos ejemplares.

Y siempre busca el mismo perfil con los mismos criterios: título, autor, **editorial** (Verlag) y primera edición del año 1982.

En la última década mi madre ha comprado más de 30 ejemplares del mismo libro por alguna razón por mí desconocida.

Hasta ayer, cuando al llegar a su casa, me saludó con una sonrisa.

—¡Lo he logrado, por fin lo he encontrado! —gritó eufórica.

—¿Qué has encontrado? —le pregunté.

—Recuerdas la historia de tu padre y su muerte en la plataforma petrolífera, ¿verdad? —dijo mi madre.

—Pues claro, mamá, lo has contado mil veces —le contesté sin comprender su alegría.

—Tu padre me mandó una carta antes de morir y en ella escribió la propuesta para tu nombre, Blanca, porque le gustó después de leerlo en la novela de Isabel Allende —explicó entonces.

—Por eso has comprado tantos ejemplares de ese libro... —comenté **en voz alta** (laut) sin esperar respuesta.

—Días antes de morir, me llamó por teléfono y me habló de sus notas en el libro y también de la **dedicatoria** (Widmung) que escribió para nosotras en la primera página de la novela. Ese día prometió regalarme el libro a su regreso a casa.

—¿Una dedicatoria para nosotras en el libro? —pregunté.

—Exacto. **Lamentablemente** (Leider), justo después del accidente yo no pensé en la novela. Y luego el libro se perdió. Ahora por fin tenemos su dedicatoria —me dijo muy emocionada.

Nerviosa, abrí el libro por las primeras páginas para leer las palabras de mi padre.

Querida Carmen:

Estoy seguro de que te va a encantar esta novela. En ella he encontrado un nombre precioso: Blanca. ¿Te gusta para nuestra hija? Os quiero a las dos. PARA SIEMPRE.

Julio — *24 de junio de 1982*

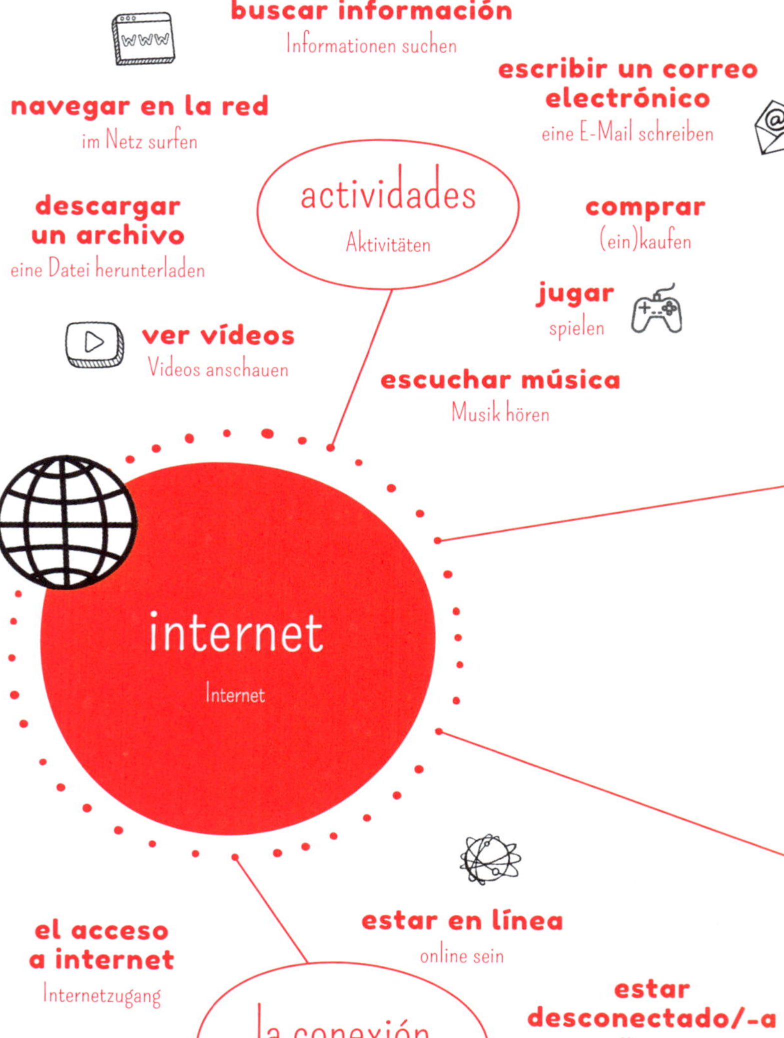
buscar información
Informationen suchen
navegar en la red
im Netz surfen
escribir un correo electrónico
eine E-Mail schreiben
actividades
Aktivitäten
descargar un archivo
eine Datei herunterladen
comprar
(ein)kaufen
jugar
spielen
ver vídeos
Videos anschauen
escuchar música
Musik hören
internet
Internet
estar en línea
online sein
el acceso a internet
Internetzugang
la conexión
Verbindung
estar desconectado/-a
offline sein
el/la wifi
WLAN
la tarifa plana
Flatrate
la contraseña
Passwort

la foto de perfil
Profilbild

el estado
Status

el muro
Wand

la cuenta
Account

el/la seguidor/a
Follower/in

las redes sociales
soziale Netzwerke

publicar un comentario
einen Kommentar veröffentlichen

bloquear
blockieren

chatear
chatten

enviar un mensaje
eine Nachricht schicken

aceptar/rechazar una solicitud de amistad
eine Freundschaftsanfrage annehmen/ablehnen

subir una foto
ein Foto hochladen

el emoticono
Emoji

el ordenador
Computer

la tableta
Tablet

el ratón
Maus

los aparatos
Geräte

el teclado
Tastatur

el ordenador portátil
Laptop

el móvil
Handy

la pantalla
Bildschirm

La curva

Su marido, Markus, se murió un lunes de otoño. El miércoles ya estaba **enterrado** (begraben). La familia de Markus, que era de Hamburgo, se puso **furiosa** (wütend). No podían entender que en España se enterraba a los muertos uno o dos días después de morir. En Alemania podían pasar días.

—Eso sí que es raro —pensó Isabel.

La noche después del **funeral** (Beerdigung) no pudo dormir. El reloj **marcó** (zeigte an) la una, las dos… El silencio de la casa era **insoportable** (unerträglich). Isabel decidió salir de casa. **Se subió** (Sie stieg ein) al **coche** (Auto), se puso el **cinturón de seguridad** (Sicherheitsgurt), **encendió el motor** (machte den Motor an), las **luces** (Lichter), **pisó el acelerador** (gab Gas) y empezó a **conducir** (fahren) por las calles vacías. Y las calles vacías se transformaron en **carreteras** (Autostraßen). A veces pasaba un **camión** (LKW). Finalmente, a lo lejos vio las luces de una

gasolinera (Tankstelle). Decidió **girar** (abzubiegen) y entrar. Después de **llenar el depósito** (sie vollgetankt hatte), **aparcó** (parkte sie) delante de la cafetería de la gasolinera. Entró y se sentó en la **barra** (Theke). Una camarera muy joven se acercó a ella.

—¿Qué va a ser?

—Un café **bien cargado** (sehr stark).

La camarera fue hacia la máquina.

—¿Usted va a tener también una noche larga?

Se lo decía un hombre de unos cuarenta años desde una esquina de la barra.

—¿Adónde va?

—A Madrid. ¿Y usted?

El hombre se levantó para sentarse a su lado.

—¿Puedo?

—¡Claro! Somos compañeros de la noche.

—Pues yo voy a Francia.

Estuvieron hablando durante dos horas hasta que el hombre dijo que debía continuar.

—Buen viaje a Madrid —le dijo él—. Quizás volvemos a vernos aquí.

—Ojalá... ¡Buen viaje!

Isabel durmió todo el jueves, pero cuando llegó la noche, de nuevo le pareció que el silencio de la casa le quitaba el aire. Encendió la tele, la radio, puso música, cantó **en voz alta** (laut). Nada. Seguía una terrible sensación de silencio que la **ahogaba** (erstickte). Finalmente, salió y se subió otra vez al coche. Pensó en ir a la misma gasolinera, pero sabía que esperaba encontrarse con el camionero. Decidió no ir para no **decepcionarse** (enttäuscht zu sein). Condujo en dirección al sur por la **autopista** (Autobahn). Esta vez a una discoteca *afterhours*. Bailó sin pausa hasta el **amanecer** (Morgengrauen).

Y esta era su nueva vida: salir cada noche. Nunca repetía **destino** (Fahrtziel) y siempre encontraba algún lugar nuevo donde parar o alguien con quien hablar: una **zona de descanso** (Rastplatz) de camioneros, un bar de carretera, una panadería que empieza a **hornear** (backen), un grupo de **cazadores** (Jäger)...

Una noche que conducía por una **carretera secundaria** (Landstraße), de repente, se cruzó con una chica que hacía autostop. La chica tenía un **aspecto** (Aussehen) terrible: delgada, **pálida** (blass), triste.

—Parece la niña de la **curva** (Kurve) —pensó.

La niña de la curva es la típica historia de terror que se cuenta a la luz de las **hogueras** (Lagerfeuer): alguien conduce por la noche y se encuentra con una niña que hace autostop. La persona la toma en su coche. La niña no habla hasta que pasan por una curva y dice:

—Aquí morí yo.

Y desaparece.

Isabel **frenó** (bremste) y le hizo una señal. La chica se acercó, abrió la **puerta** (Tür), subió y se sentó sin decir nada.

—¿Adónde vas? —preguntó Isabel.

La chica no reaccionó. Y entonces, cuando pasaron por una curva, la chica dijo:

—En esa curva murió Markus y me ha dado un mensaje para ti: que te va a querer para siempre.

Cuando Isabel giró la cabeza, la chica había desaparecido. Empezó a llorar por primera vez desde el **accidente** (Unfall) donde había muerto su marido.

Esa noche pudo dormir.

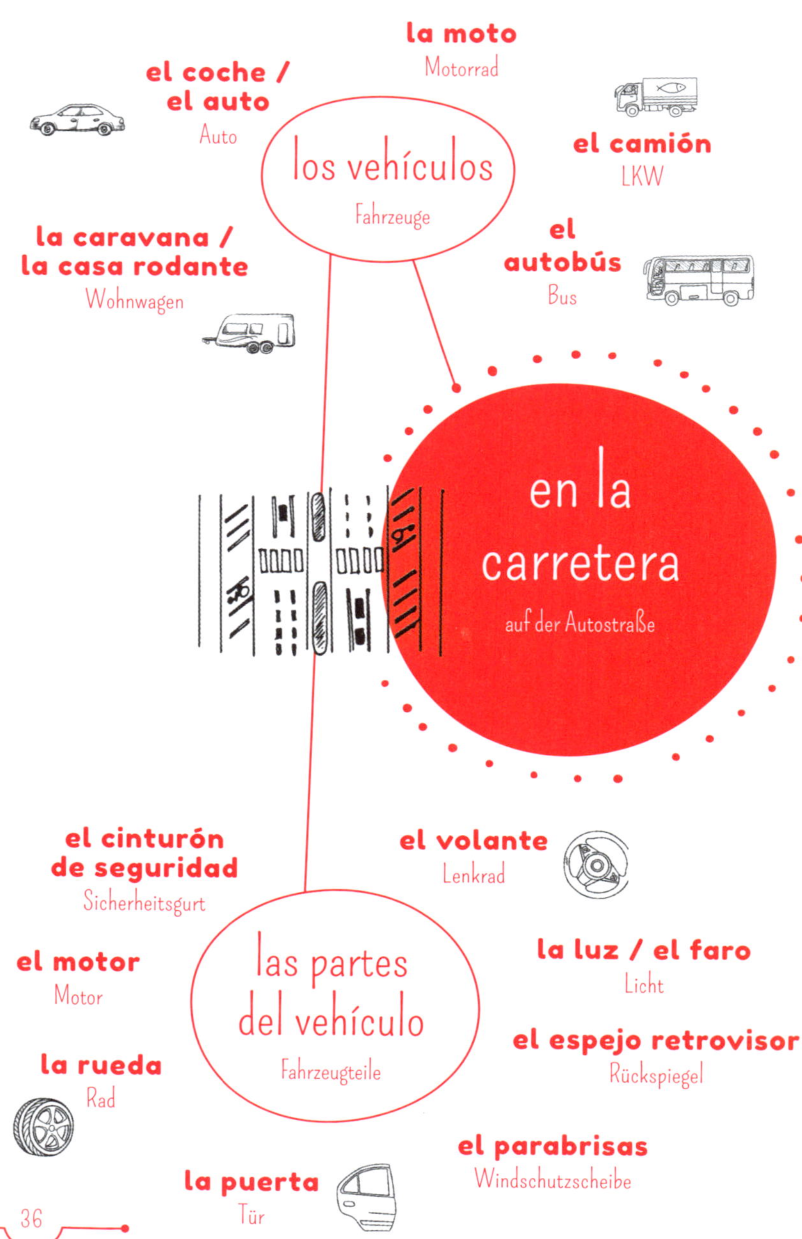

en la carretera
auf der Autostraße
los vehículos
Fahrzeuge
la moto
Motorrad
el coche / el auto
Auto
el camión
LKW
la caravana / la casa rodante
Wohnwagen
el autobús
Bus
las partes del vehículo
Fahrzeugteile
el cinturón de seguridad
Sicherheitsgurt
el volante
Lenkrad
el motor
Motor
la luz / el faro
Licht
el espejo retrovisor
Rückspiegel
la rueda
Rad
el parabrisas
Windschutzscheibe
la puerta
Tür

las vías
Wege

el atasco
Stau

la autopista
Autobahn

el cruce
Kreuzung

la gasolinera
Tankstelle

la carretera secundaria
Landstraße

la curva
Kurve

el carril
Spur

la zona de descanso
Rastplatz

el accidente
Unfall

la autovía
Schnellstraße

conducir
fahren

bajarse
aussteigen

subirse
einsteigen

adelantar
überholen

pisar el acelerador
Gas geben

encender el motor / las luces
den Motor / die Lichter anmachen

girar
abbiegen

llenar el depósito
volltanken

frenar
bremsen

echar gasolina
tanken

aparcar
parken

Solo amigos

"Tenemos chica nueva en la **oficina** (Büro)" fue una de las frases más populares en los **anuncios de publicidad** (Werbespots) en la televisión de los años 80 y 90. Pero Iria ya no se ve como la chica del anuncio de **colonia** (Kölnischwasser) porque ahora, después de seis meses en su nuevo **trabajo** (Arbeit), se siente muy cómoda entre sus nuevos **compañeros** (Kollegen).

En la **compañía de seguros** (Versicherungsagentur) donde trabaja hay unos 80 **empleados** (Angestellte) y en el edificio donde ella tiene su **despacho** (Büro) casi todos son bastante jóvenes, entre los 25 y los 35 años. Iria está muy contenta con esta nueva etapa en su **vida laboral** (Arbeitsleben). Después de **hacer prácticas** (sie Praktika gemacht hat) en dos empresas y varios **contratos temporales** (befristete Verträge) con muchas horas de trabajo y **sueldos** (Gehälter) muy bajos, por fin tiene un poco más de estabilidad. Es cierto que ahora tampoco gana mucho dinero, pero por lo menos tiene un **contrato** (unbefristeter)

indefinido (Vertrag). Y lo más importante para ella, un trabajo que le gusta, con buen ambiente en la oficina y una **jefa** (Chefin) agradable. Además, el **director** (Direktor) siempre dice en las reuniones que tienen cada semana en la **sala de juntas** (Sitzungssaal) que en la **empresa** (Unternehmen) todos tienen posibilidades de **ascender** (befördert zu werden).

Desde hace unos meses Iria habla mucho con Elisa, una de las **secretarias** (Sekretärinnen) que, como ella, no llega a los 30 años. Cada vez que se encuentran junto a la **cafetera** (Kaffeemaschine) en la **cocina** (Küche) o en la **fotocopiadora** (Kopiergerät), las dos charlan y se ríen mientras **cotillean** (sie tratschen) sobre el resto de compañeros.

Poco a poco, las dos ganan confianza y quedan a veces en la pausa para tomar café y contarse algunos secretos.

Elisa está muy enamorada de su novio de toda la vida con el que pronto se va a casar. Iria, después de una relación de varios años que terminó de un modo bastante turbulento, todavía está buscando a su **príncipe azul** (Traumprinz).

Elisa, que siempre ha sido un poco **Celestina** (Kupplerin), no para de buscar candidatos para ser la nueva **media naranja** (bessere Hälfte) de Iria.

—¿Qué te parece López, el jefe de personal? —le pregunta Elisa.

—¿Estás loca? ¡Es muy serio! Y un poco mayor para mí, ¿no? —responde Iria.

—¿Te gusta quizás Alberto, el de Finanzas? —lo intenta de nuevo Elisa.

—Es muy guapo y me parece muy simpático, pero está casado y va a ser papá en enero... —contesta Iria.

—¿Y qué me dices de Andrés, el **becario** (Stipendiat)? —pregunta ahora Elisa.

—¡Por favor! ¡Si no tiene más de 20 años! —dice esta vez Iria.

Todos los compañeros que propone Elisa tienen algún aspecto que no le gusta a Iria. Hasta que una mañana las dos mujeres se encuentran al lado de la cafetera.

—¡Ya lo tengo! He encontrado a tu chico ideal —le dice Elisa a su compañera totalmente entusiasmada.

—¿Y quién es? ¿El **propietario** (Besitzer) de la empresa? ¿O el nuevo **chico de prácticas** (Praktikant)? —pregunta Iria irónicamente.

—No, no trabaja en la empresa. Es un nuevo compañero en la

oficina de mi novio. Juegan juntos al tenis, te va a encantar. Es guapo, deportista, no fuma, tiene un buen trabajo… ¡Es el chico perfecto para ti!

Sin dar opción a Iria, Elisa le dice que los cuatro van a cenar juntos el viernes por la noche en su casa.

—¡No puedes **rechazar** (ablehnen) la invitación! Ya está todo preparado. Te esperamos en casa a las nueve y media de la noche.

Aunque no está muy segura, Iria acepta y el viernes, después de trabajar, se prepara para su **cita a ciegas** (Blinddate).

Cuando llega a la casa de Elisa con una botella de vino en la mano, apenas puede creer que es Carlos, su exnovio, quien está en el salón.

—Mira, te presento, este es… —empieza a decir Elisa cuando Iria la **interrumpe** (unterbricht).

—Carlos. Es Carlos, lo sé… —dice Iria mientras Elisa mira con cara de sorpresa.

—Pero… ¿ya os conocéis? —pregunta el marido de Elisa.

—Sí —dice Iria—. Somos amigos. Solo amigos. Por suerte.

la vida laboral
Arbeitsleben

tener trabajo/empleo
Arbeit haben

estar en el paro
arbeitslos sein

hacer (unas) prácticas
ein Praktikum machen

ser jubilado/-a
Rentner/in sein

tener un contrato temporal
einen befristeten Vertrag haben

el horario de trabajo
Arbeitszeit

tener un contrato indefinido
einen unbefristeten Vertrag haben

el sueldo
Gehalt

ascender
befördert werden

en la empresa
im Unternehmen

la sala de juntas
Sitzungssaal

los cuartos
Räumlichkeiten

la oficina / el despacho
Büro

la cocina
Küche

el aseo
Toilette

el almacén
Lager

el cuarto de limpieza
Putzraum

el personal
Personal

el/la empleado/-a
Angestellte/r

el/la chico/-a de prácticas
Praktikant/in

el/la compañero/-a de trabajo
Arbeitskollege/-in

el/la becario/-a
Stipendiat/in

el/la señor/a de la limpieza
Putzmann/-frau

el/la secretario/-a
Sekretär/in

el/la jefe/-a
Chef/in

el/la propietario/-a
Besitzer/in

el/la director/a
Leiter/in, Geschäftsführer/in

el equipamiento
Ausstattung

el ordenador
Computer

la fotocopiadora
Kopiergerät

la estantería
Regal

el teléfono
Telefon

la cafetera
Kaffeemaschine

la lámpara
Lampe

la mesa
Tisch

la silla
Stuhl

Propósitos de Año Nuevo

Neujahrsvorsätze

Después de todos los excesos de las fiestas de Navidad con comidas interminables, **turrón** (spanische Weihnachtssüßigkeit) y dulces a casi todas horas, Roberto toma una decisión.

Se mira en el espejo y decide, este año sí, un propósito para una nueva vida a partir del 1 de enero: **hacer deporte** (Sport machen) con regularidad, comer más fruta y verduras, beber menos alcohol y, en general, hacer una vida mucho más saludable.

Así, ya el primer día del año, Roberto busca en internet en los diferentes **gimnasios** (Fitnessstudios) de la ciudad y compara las ofertas típicas de esas fechas:

¿Quieres cambiar por fin tu estilo de vida? ¡Es el momento de conocer el "Gimnasio Fitness-24"! Tenemos las mejores instalaciones [Einrichtungen] *con piscina y sauna* [Sauna], *además de los utensilios deportivos* [Sportgeräte] *más modernos. En nuestro centro puedes entrenar* [trainieren] *todos los días de la semana con monitores deportivos* [Sportbetreuer] *profesionales. ¿A qué estás esperando? ¡Apúntate* [Schreib dich ein] *ya por solo 19,95 € al mes durante el primer año!*

"Gimnasio Top-fit". Oferta de matrícula [Anmeldeangebot] *para nuevos clientes a partir del 1 de enero: por solo 14,95 €/mes durante los primeros seis meses, puedes disfrutar de nuestras instalaciones deportivas con total flexibilidad, 24 horas al día y 7 días a la semana. No tener tiempo ya no es una excusa, a nuestro gimnasio puedes venir a cualquier hora para entrenar en las mejores máquinas de pesas* [Krafttrainingsgeräte] *o, si lo prefieres, puedes apuntarte a diferentes cursos para practicar diversos deportes. ¡Ya lo sabes, es el momento de ponerse en forma* [in Form zu kommen] *en el "Gimnasio Top-fit".*

Roberto mira de nuevo los detalles de las ofertas y, muy animado, finalmente decide apuntarse al segundo gimnasio. Sin pensarlo ni un minuto más, mete todos sus datos personales en el formulario de la página de internet y envía su **contrato** [Vertrag] como nuevo **miembro** [Mitglied] del *Gimnasio Top-fit*.

Esa misma tarde, Roberto se da cuenta de la necesidad de comprar **ropa deportiva** (Sportkleidung) después de no encontrar en su armario ningún **chándal** (Trainingsanzug) o **camiseta** (T-Shirt) de su talla.

Al día siguiente, muy motivado, Roberto compra en un centro comercial unas **zapatillas deportivas** (Sportschuhe) nuevas, unas **mallas** (Leggings) para **correr** (laufen), un **pantalón corto** (kurze Hose), dos camisetas y una **sudadera** (Sweatshirt).

En lugar de gastar esa importante suma de dinero en fiestas o en comidas o bebidas poco saludables, Roberto cree que está actuando correctamente para mejorar su salud y su **estado físico** (körperliche Verfassung).

Ya el 3 de enero, justo su último día libre antes de comenzar a trabajar de nuevo en la oficina, Roberto se levanta temprano y llega al gimnasio con su **bolsa de deportes** (Sporttasche). Además de su ropa deportiva, una **toalla** (Handtuch) y una botella de agua, Roberto mete dos plátanos para ser consecuente con su propósito de seguir una vida sana.

Después de correr durante unos diez minutos en la **cinta** (Laufband) y entrenar otros diez minutos en la **bicicleta estática** (Hometrainer (Fahrrad)), Roberto va a la zona de las máquinas de pesas para trabajar también un poco los músculos de la parte **superior** (obere) de su cuerpo. Solo diez minutos después, Roberto tiene que parar completamente **agotado** (erschöpft).

Muy cansado, pero contento por su **rendimiento** (Leistung) en su primer día de deporte, decide ir ya al **vestuario** (Umkleidekabine) para darse una **ducha** (Dusche) y volver a casa relajado.

Solo un día después, con la vuelta a la oficina, Roberto entra de nuevo en la espiral de días de trabajo muy largos, **presión laboral** (Arbeitsdruck) y estrés constante.

Doce meses después, cuando ya casi terminan las vacaciones de Navidad, Roberto ve otra vez las ofertas de los gimnasios para conseguir clientes en el nuevo año.

Solo entonces recuerda su bolsa de deportes con toda la ropa **sudada** (verschwitzt) y la toalla que continúan todavía en un rincón de su piso desde el 3 de enero del año anterior.

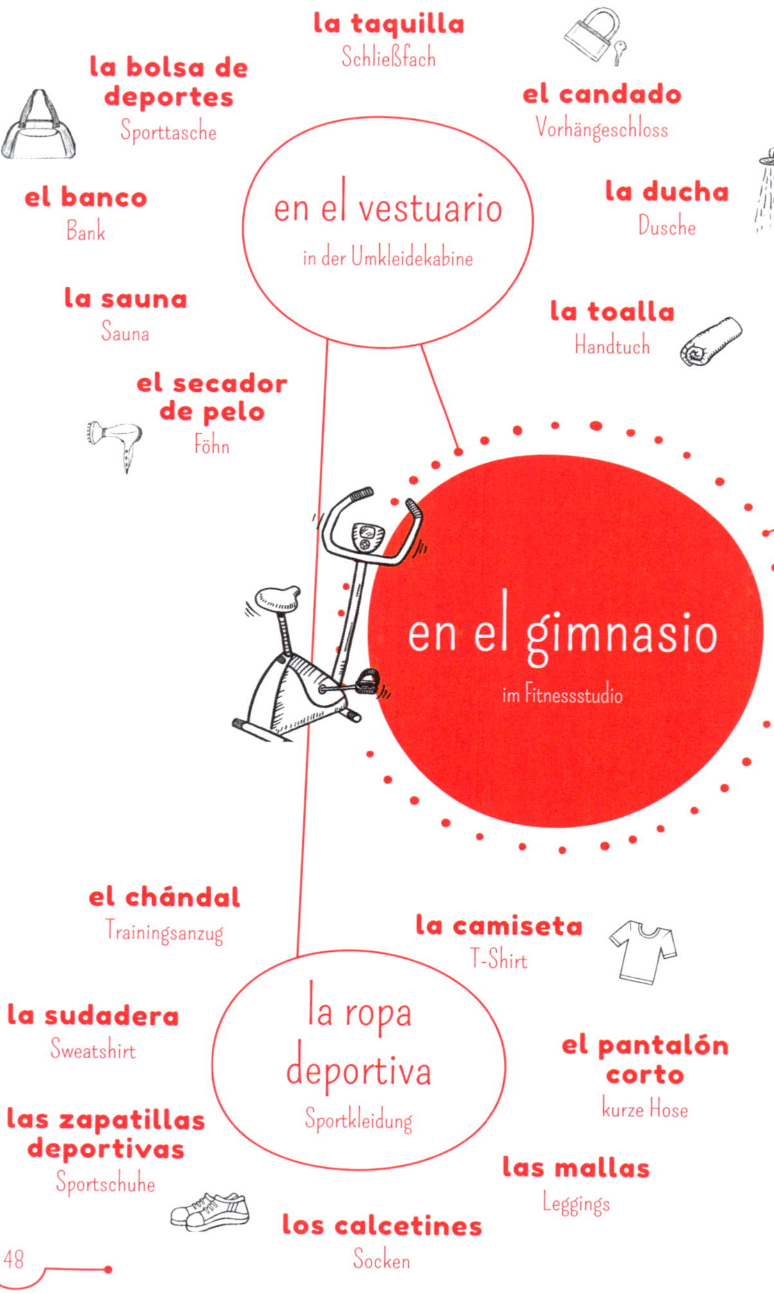
la taquilla
Schließfach
la bolsa de deportes
Sporttasche
el candado
Vorhängeschloss
en el vestuario
in der Umkleidekabine
el banco
Bank
la ducha
Dusche
la sauna
Sauna
la toalla
Handtuch
el secador de pelo
Föhn
en el gimnasio
im Fitnessstudio
el chándal
Trainingsanzug
la camiseta
T-Shirt
la sudadera
Sweatshirt
la ropa deportiva
Sportkleidung
el pantalón corto
kurze Hose
las zapatillas deportivas
Sportschuhe
las mallas
Leggings
los calcetines
Socken

los utensilios deportivos
Sportgeräte

la bicicleta estática
Hometrainer (Fahrrad)

la cinta
Laufband

la colchoneta
Matte

la máquina de pesas
Krafttrainingsgerät

la pesa
Hantel

el balón
Ball

la pera de boxeo
Boxball

hacer deporte
Sport treiben

correr
laufen

entrenar
trainieren

saltar
hüpfen

nadar
schwimmen

ponerse/ estar en forma
in Form kommen/sein

bailar
tanzen

sudar
schwitzen

boxear
boxen

Como en una película

Cuando su despertador suena a las siete de la mañana, Edu **se arrepiente de** (bereut) acostarse siempre tan tarde. La noche anterior, una vez más, se quedó **enganchado** (gefesselt) a una **serie** (Serie) hasta la **madrugada** (früher Morgen). Quizás por vivir solo y no tener pareja es más difícil para él apagar la luz antes. A él siempre le ha gustado ir al **cine** (Kino) y le encantan las **películas** (Filme) de todos los **géneros** (Genres), aunque las **películas de amor** (Liebesfilme) son sus favoritas.

Desde que tiene el **abono** (Abonnement) en una de esas **plataformas digitales** (digitale Plattformen) con una cantidad enorme de contenido audiovisual, ve también series de todo tipo.

Ahora ya casi nunca ve la **televisión** (Fernsehen). Es evidente que tener todos los **capítulos** (Folgen) "a la carta" es una gran ventaja, aunque también sabe que es un **riesgo** (Risiko). Muchas veces, cuando un capítulo tiene un final muy **emocionante** (spannend), se dice a sí mismo después de mirar la hora:

—Otro capítulo y a dormir.

Luego, por las mañanas, cuando coge el metro para ir a trabajar, nota que no ha dormido lo suficiente. Por eso casi todos los días piensa que tiene que acostarse pronto, aunque luego nunca lo logra.

Edu piensa que el mundo de las pelis y las series es a veces un poco **artificial** (künstlich), pero le encanta: crímenes misteriosos, aventuras increíbles, historias de amor imposibles... En eso piensa una mañana de camino al trabajo mientras está sentado en el metro junto a una **anciana** (alte Dame). Entonces, en una de las paradas, una chica de su edad entra en su vagón y se sienta justo enfrente. La muchacha mira todo el rato su teléfono, con los **auriculares** (Kopfhörer) en las orejas, concentrada en lo que está viendo en su móvil.

A Edu la chica le parece espectacular desde el primer momento y su cara parece reflejar su opinión porque la anciana lo mira y le **guiña un ojo** (zwinkert) en un gesto cómplice.

sich nichs anmerken zu lassen

Aunque intenta **disimular**, Edu logra identificar que la chica está viendo en el móvil la misma serie que él y piensa:

Schicksal

—Es el **destino**, como en una película de Hollywood.

De repente, la chica toca con su zapato la pierna de Edu y los dos se miran durante unos segundos.

—¡Perdón! —dice la chica mientras levanta la mano para disculparse.

—¡Tarjeta amarilla! —contesta él con un chiste malo que, sin embargo, provoca una sonrisa en la cara de la chica.

Karte für den Platzverweis

—¡La próxima es roja! —reacciona ella con humor mientras la cara de Edu se pone del color de la **tarjeta de expulsión**.

—Te perdono la vida porque he visto que estás viendo mi serie favorita —dice él señalando el móvil de la chica.

Schauspielerin Rolle Hauptdarstellerin

—¿En serio? Es genial, ¿verdad? Y la **actriz** que hace el **papel** de **protagonista** es increíble, ¿no crees? —pregunta la joven mientras la anciana escucha con atención la conversación.

Durante los siguientes minutos, los dos chicos charlan sobre películas, ríen y comparten anécdotas sobre sus series favoritas.

Solo un cuarto de hora es suficiente. Ambos notan que entre ellos hay una química especial. De repente, el metro llega a una estación y la chica, sorprendida, se levanta muy rápido.

—¡Esta es mi parada, lo siento, tengo que bajarme aquí! —se despide nerviosa mientras sale del vagón.

Sin dar tiempo a responder, la joven desaparece entre la gente y Edu se queda **paralizado** (erstarrt) junto a la señora mientras piensa que no sabe su nombre ni tiene otros datos sobre ella. Unos segundos después, y mientras todavía piensa qué hacer, la anciana le da un **codazo** (Ellenbogenstoß) y le dice:

—¡Corre, **ve a por ella** (geh sie holen)! Quizás no, pero... ¿y si esa chica es la mujer de tu vida?

De un salto, Edu sale del vagón en el último segundo cuando las puertas ya se están cerrando. Después de correr por toda la estación, la ve justo antes de salir a la calle.

—¡Espera, por favor!

Entonces, al oír su voz, la chica se gira y sonríe.

el documental
Dokumentarfilm

la película policiaca
Krimi

la película de acción
Actionfilm

los dibujos animados
Zeichentrickfilm

los géneros
Genres

la película de suspense
Thriller

la comedia
Komödie

la película de amor
Liebesfilm

la película de terror
Horrorfilm

la película de ciencia ficción
Sciene-Fiction-Film

las películas y series
Filme und Serien

la plataforma digital
digitale Plattform

en casa
zu Hause

el abono
Abonnement

la televisión
Fernsehen, Fernseher

la contraseña
Passwort

la temporada
Staffel

el capítulo
Folge

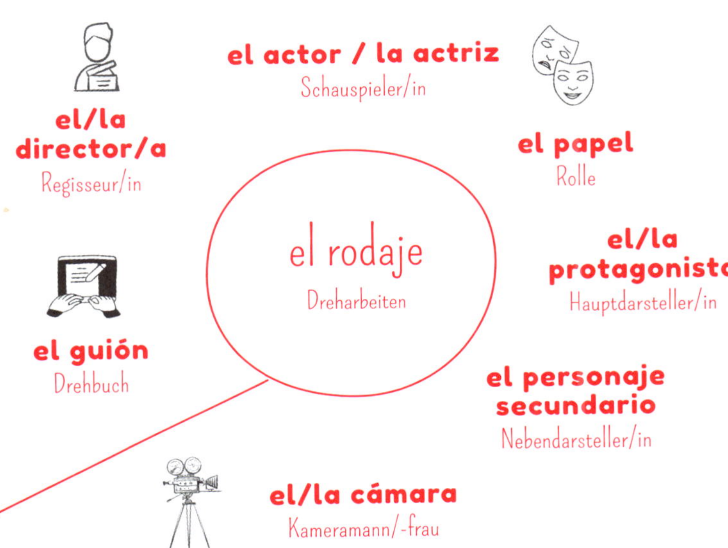

el rodaje
Dreharbeiten
el actor / la actriz
Schauspieler/in
el/la director/a
Regisseur/in
el papel
Rolle
el/la protagonista
Hauptdarsteller/in
el guión
Drehbuch
el personaje secundario
Nebendarsteller/in
el/la cámara
Kameramann/-frau

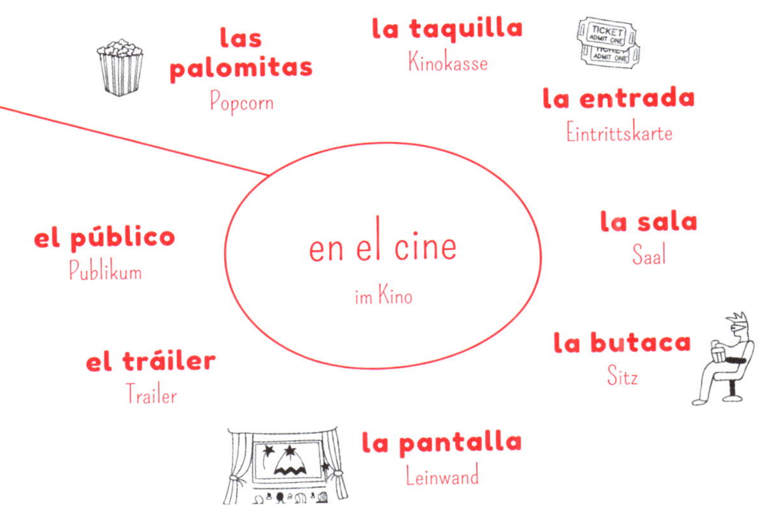

en el cine
im Kino
las palomitas
Popcorn
la taquilla
Kinokasse
TICKET
ADMIT ONE
ADMIT ONE
la entrada
Eintrittskarte
el público
Publikum
la sala
Saal
la butaca
Sitz
el tráiler
Trailer
la pantalla
Leinwand

9

Un cuento de toda la vida

Para el **rey** (König) Damián, aquel día fue el más alegre porque nació su hija Lucita, el más triste porque su mujer murió en el **parto** (Geburt). El bebé fue desde el primer día y durante los siguientes años el centro de su vida. Hasta que un día, cuando la **princesa** (Prinzessin) tenía ya quince años, el rey **se casó** (heiratete) otra vez. La nueva **reina** (Königin), Lidia, intentó ganarse la simpatía de Lucita, pero en el corazón de la princesa el odio era cada vez mayor. El día que Lidia **anunció** (ankündigte) que esperaba un hijo, Lucita supo que tenía que **pasar a la acción** (handeln).

—Si es un **varón** (Junge), voy a perder también el trono. Cuando Etelvina, su **sirvienta** (Dienerin) preferida, entró en la habitación esa mañana, Lucita le dijo:

—Etelvina, ¿ha escuchado usted de esa **bruja** (Hexe) que vive dentro del **bosque** (Wald)?

—Ah, Lucifera, sí, dicen que tiene más de ocho mil años —respondió la mujer.

—Pues necesito verla. Debes venir conmigo esta tarde.

En lo más profundo del bosque encontraron una **cabaña** (Hütte) y allí estaba la bruja. Era una mujer extraña que parecía un mosaico de varias mujeres jóvenes y viejas: los ojos, de niña; los brazos, de vieja; la nariz también de vieja, el pelo igual; pero la boca, de joven.

—Busco un **veneno** (Gift) para acabar con una enemiga —le dijo Lucita.

—Te lo puedo dar, pero a cambio quiero un poco de tu belleza y juventud —respondió la bruja.

—Por supuesto, tengo **de sobra** (mehr als genug).

La mujer entró en su cabaña y salió con una **cesta** (Korb).

—Por fuera estas fresas parecen normales, por dentro tienen el fuego del **infierno** (Hölle).

Lucita regresó contenta al **palacio** (Schloss) en compañía de Etelvina que **juró** (schwor) guardar silencio sobre todo lo que había pasado.

Por su lado, cuando Lidia descubrió que estaba **embarazada** (schwanger), empezó a pensar en el futuro de su hijo.

—Mi bebé debe ser el rey y esa chica es un peligro.

Stieftochter

Empezó a pensar planes para acabar con su **hijastra**. Una mañana, cuando Etelvina, su sirvienta preferida, entró en la habitación, Lidia le dijo:

—Etelvina, ¿ha escuchado usted de esa bruja que vive dentro del bosque?

—Ah, Lucifera, sí, dicen que tiene más de ocho mil años —respondió la mujer.

—Pues necesito verla. Debes venir conmigo esta tarde.

Y allá se fueron las dos a la hora de la siesta.

—Busco un veneno para acabar con una enemiga.

—Te lo puedo dar, pero a cambio quiero un poco de tu belleza y juventud.

—Por supuesto, tengo de sobra.

La bruja entró en la cabaña y salió con una pequeña botella.

—Esto que parece agua es, en verdad, lluvia del infierno.

Lidia regresó contenta al palacio en compañía de Etelvina que juró guardar silencio sobre todo lo que había pasado.

Esa noche a la hora de la cena estaban los tres a la mesa y entonces el rey vio las fresas en el plato de su mujer.

—¡Qué fresas tan apetitosas! —y tomando un par con la mano, las comió rápidamente.

Al instante, empezó a **escupir** (spucken) fuego como un **dragón** (Drache).

Desesperado (Verzweifelt), cogió la copa de agua de su hija, pero cuando la bebió, el fuego se hizo mayor. El pobre rey empezó a correr de un lado a otro con la **corona** (Krone) en la mano. Mientras, la nariz de Lucita era ahora la de una vieja y Lidia ya no tenía su hermoso cabello, sino cuatro pelos grises. El rey, antes de **convertirse** (er sich verwandelte) en **ceniza** (Asche), puso **al azar** (zufällig) su corona en la cabeza de Etelvina.

Todos las personas presentes **se inclinaron** (verbeugten sich) ante la sirvienta.

—Majestad.

Etelvina, al inicio, estaba confusa, pero muy rápido pensó que ser reina era algo muy agradable.

—¡A la guillotina esas dos! —gritó señalando a Lucita y Lidia.

La bruja del bosque se convirtió en su primera ministra.

Y fueron felices y comieron perdices. (Und wenn sie nicht gestorben sind, dann leben sie noch heute.)

el rey / la reina
König/in

el príncipe / la princesa
Prinz/essin

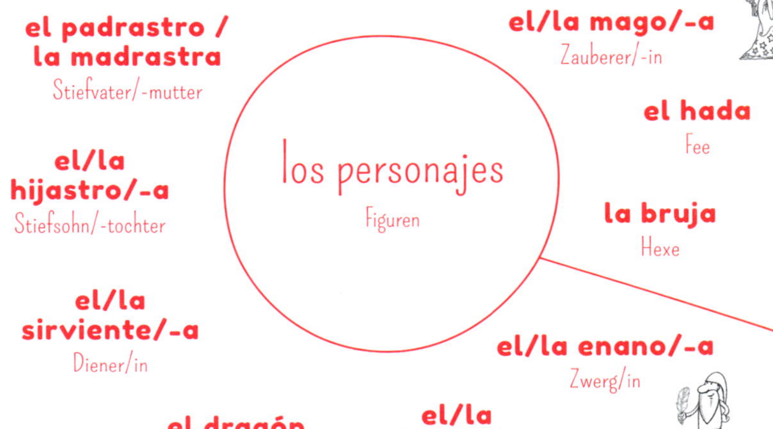

el padrastro / la madrastra
Stiefvater/-mutter

el/la mago/-a
Zauberer/-in

los personajes
Figuren

el hada
Fee

el/la hijastro/-a
Stiefsohn/-tochter

la bruja
Hexe

el/la sirviente/-a
Diener/in

el/la enano/-a
Zwerg/in

el dragón
Drache

el/la gigante/-a
Riese/-in

la cabaña
Hütte

el bosque
Wald

el castillo / el palacio
Schloss

los lugares
Orte

la cueva
Höhle

la torre
Turm

el lago
See

la montaña
Berg

la varita mágica
Zauberstab
el veneno
Gift
la corona
Krone
el espejo
Spiegel
los objetos
Gegenstände
la cesta
Korb
la manzana
Apfel
la poción mágica
Zaubertrank
la moneda
Münze
el cuento de hadas
Märchen
encantar/ hechizar
verzaubern
maldecir
verfluchen
convertirse/ transformarse
sich verwandeln
cumplir
erfüllen
besar
küssen
las acciones
Handlungen
casarse
heiraten
despertar
erwachen
matar
töten
salvar
retten

El cartero siempre llama dos veces

Postmann — klingelt

Lupe **estaba harta de** (hatte satt) sus amigas. Bueno, amigas era una palabra no muy adecuada. ¿Era mejor decir **harpías** (Xanthippen)? Ahora mismo estaban de vacaciones "de chicas" en Canarias. A ella no le habían dicho nada hasta el último minuto. Estaba segura de cuál era la razón. Hacía unas semanas habían ido a una **pitonisa** (Wahrsagerin) y les había leído el futuro. A Lupe le había dicho:

—Antes del **solsticio de verano** (Sommersonnenwende) vas a dejar de estar **soltera** (ledig). Veo sol, una playa, el mar.

Era el 20 de junio. Sus amigas siempre le decían cosas como:

—Lupita, debes salir más y conocer a gente. Si te quedas en casa, nadie va a venir a buscarte.

—Cariño, vas a **quedarte para vestir santos** (keinen Mann finden). Con lo guapa que eres, ¡no puedes quedarte soltera para siempre!

Pero ahora mostraban sus verdaderas caras. En verdad, la querían ver soltera para siempre. Pues, sí, ella estaba sola y nunca había tenido **novio** (fester Freund), pero ¿y ellas? A Juana todos la **dejaban** (verließen) después de dos semanas porque era **insoportable** (unerträglich). Se pasaba el día en *Tinder®*, cada mes decía que había conocido al **amor** (Liebe) de su vida y dos semanas después decía que tenía el corazón roto. Manuela, **casada** (verheiratet), pero su **marido** (Ehemann) tenía mil **amantes** (Liebhaberinnen). Isabel, casada también, pero su marido y ella no se hablaban y cuando lo hacían, era para gritarse.

Lupita tenía el **presentimiento** (Vorahnung) de que su amor verdadero podía llegar en cualquier momento. Se lo imaginaba a veces rubio, a veces moreno, a veces alto, a veces no tanto, pero siempre se llamaba Val por el actor Val Kilmer, que era su modelo de hombre ideal. Es verdad que este nombre hacía su sueño algo más irrealizable, pues Val no era un nombre común en España. A ver, podía ser Val de Valentín, Val de Valerio, Val de...

Estaba pensando en estas tonterías cuando **sonó el timbre** (die Klingel läutete). Se levantó de un salto y pensó:

—¿Será Val?

Pero cuando abrió la puerta, no era Val, sino el chico de DHL.

—Hola, traigo un paquete para Faustino Robles.

—No es aquí, es el vecino —respondió ella sin ganas—, pero no está.

—Ya he visto, pues he llamado varias veces. Pero quería preguntarle si usted lo puede coger para él.

A Lupe su vecino **no le caía nada bien** (war ihr überhaupt nicht sympathisch), pero no quiso ser descortés y aceptó.

—Vale, pues si firma aquí... Gracias. Voy a dejar en el **buzón** (Briefkasten) un **aviso** (Benachrichtigung) y así el vecino sabe que lo tiene usted.

—Bien, adiós.

Lupe cerró la puerta. Quería seguir pensando en sus cosas. Iba a dejar el paquete para el vecino encima de la mesa cuando vio el nombre del **remitente** (Absender): *Dreams Come True Enterprises.* El paquete no era muy grande. Tampoco muy pesado. Lo puso cerca del oído y lo agitó. No se oía nada. Lo dejó encima de la mesa otra vez.

Sin embargo, no era capaz de pensar en otra cosa. Lo volvía a coger, lo miraba, lo olía, lo agitaba. *Dreams Come True Enterprises.*

Entró en internet y buscó el nombre de la empresa. No encontró nada excepto una foto de una casa preciosa al lado del mar con una puerta azul.

La curiosidad no la dejaba vivir. Así que fue al buzón. Sí, allí en el buzón de su vecino estaba el papel amarillo con el aviso. Intentó meter la mano para cogerlo. Era imposible. Entró en casa, tomó las **pinzas del churrasco** [Grillzange], volvió al buzón, metió las pinzas y trató de sacar el papel. Después de mucho intentarlo, lo logró. Entró en casa, rompió el papel en mil pedazos y después abrió el paquete como un perro **salvaje** [wild]. Dentro había solamente papel de periódico y un **sobre** [Umschlag]. El sobre ponía en una letra muy elegante "Ábreme".

—Esto parece Alicia en el País de las Maravillas.

Lo abrió y sacó una tarjeta. Se quedó sin palabras. En ella había una foto del chico de DHL que había traído el paquete. Estaba en traje de baño delante de la casa preciosa al lado del mar con la puerta azul. Debajo, con la misma letra elegante que en el sobre, ponía: "Dentro de media hora voy a pasar a buscarte. Val."

estar casado/-a
verheiratet sein

estar separado/-a
getrennt sein

estar soltero/-a
ledig sein

el estado civil
Familienstand

estar divorciado/-a
geschieden sein

estar viudo/-a
verwitwet sein

el amor
Liebe

el enamoramiento
Verliebtheit

el deseo
Begierde

los sentimientos
Gefühle

la pasión
Leidenschaft

la esperanza
Hoffnung

el odio
Hass

la duda
Zweifel

la decepción
Enttäuschung

las acciones
Handlungen

divorciarse
sich scheiden lassen

ligar
flirten

enamorarse
sich verlieben

prometerse
sich verloben

separarse
sich trennen

casarse
heiraten

dejar
verlassen

romper
Schluss machen

engañar
betrügen

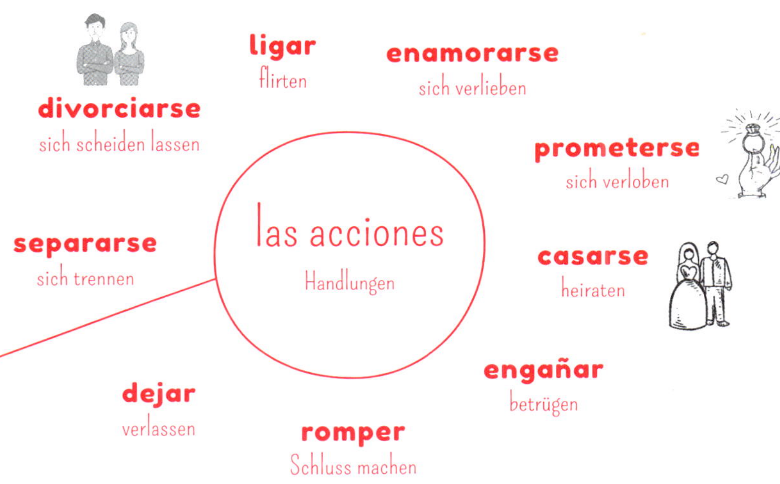

las personas
Personen

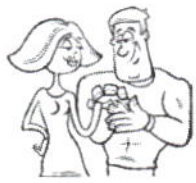

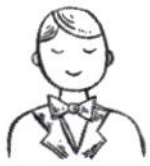

el/la prometido/-a
Verlobte/r

el marido / el esposo
Ehemann

la mujer / la esposa
Ehefrau

el/la novio/-a
(feste/r) Freund/in

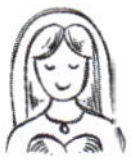

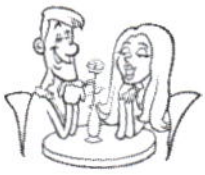

la pareja
Partner/in

el/la amante
Liebhaber/in

la exmujer
Ex-Frau

el exmarido
Ex-Mann

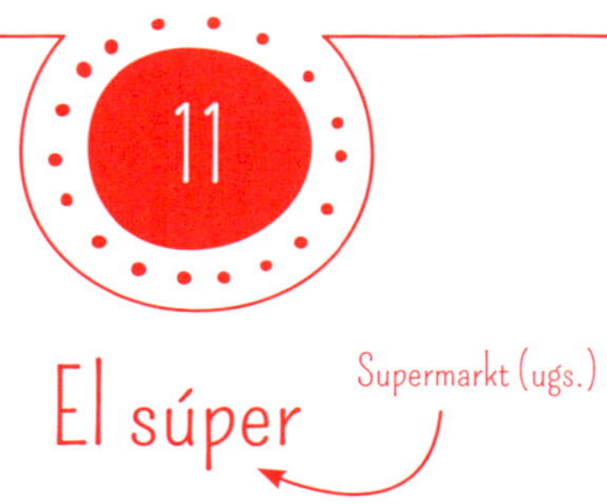

11 El súper

Supermarkt (ugs.)

Edelmira y Rosalía trabajaban desde hace dieciséis años en aquel lugar cuando era todavía "**Ultramarinos** [Lebensmittelgeschäft] Méndez". Entonces, había todavía solo un **mostrador** [Verkaufstheke] y todos los productos estaban **colocados** [platziert] detrás de él. Todavía hacían las cuentas en un papel y no había bolsas de plástico, sino que cada uno traía su propia **bolsa de tela** [Stofftasche]. Había gente que a final de mes no podía **pagar** [bezahlen] y se apuntaban las cantidades en una **libreta** [Notizbuch]. Cuando recibían el sueldo, pagaban sus **deudas** [Schulden].

—Aquel sistema era como las **tarjetas de crédito** [Kreditkarten], pero mejor —decía Edelmira cuando quería criticar todas las modernidades—. No hay nada inventado, en verdad.

Pero un día el dueño decidió adaptarse a los nuevos tiempos y abrir un **autoservicio** [Selbstbedienungsladen].

Aparecieron cuatro **pasillos** (Gänge) que llevaban a dos **cajas registradoras** (Kassen). Al principio, les costó adaptarse al nuevo sistema, pero pronto estuvieron felices una al lado de la otra, registrando **precios** (Preise), dando **cambio** (Wechselgeld) y metiendo los artículos en bolsas de plástico (por desgracia, llegaron). Había más **empleados** (Angestellte) para hacer otras cosas como **reponer** (auffüllen) **mercancías** (Waren) en **estanterías** (Regale), poner los precios, también carteles de ofertas. Algunas cosas ya no se vendían **a granel** (lose), como el arroz o la pasta, sino en paquetes. Los **fiambres** (Wurst), la **carne** (Fleisch), las **frutas** (Obst) y las **verduras** (Gemüse), todavía sí. Edelmira y Rosalía, desde la caja, conocían a toda la gente del barrio.

—Sra. Belinda, las patatas están hoy de oferta, ¿las ha visto?

—Faustina, ¿va mejor de su reuma?

Obviamente, también tenían tiempo para el **cotilleo** (Klatsch) y comentar.

—Yo creo que la Sra. Belinda es una **cutre** (Geizhals). Siempre coge lo más barato. Y eso que su marido era médico. Seguro que tiene una buena renta.

—Por cierto, que me han dicho que Faustina y José tienen algo.

—¡No!

—Como lo oyes...

Un día llegó un empresario muy elegante, pagó varios millones a José y el **supermercado** (Supermarkt) pasó a ser parte de la **cadena** (Kette) *Ahorro+*. Cambiaron muchas cosas: había más trabajadores, pero iban y venían, "pues hacer un **contrato fijo** (fester Vertrag) es muy caro". La gente tenía que trabajar más horas de lo legal, si protestaban, no les **renovaban** (erneuerten) el contrato, los sueldos eran bajos. Edelmira y Rosalía tuvieron que dejar la caja cuando apareció un **escáner** (Scanner) autoservicio. Empezaron a limpiar el suelo. Un día, Rosalía pudo escuchar al nuevo jefe hablando con el empresario.

—Esas viejas gordas dan mala imagen, ¿no las puede echar?

—No, tienen contrato antiguo. Las tuvimos que aceptar al comprar el negocio, por desgracia. Aún les faltan un par de años para **retirarse** (in Rente zu gehen).

—Pues a ver si las retira la vida y se mueren de una vez, pues son feas y lentas y, por tanto, caras.

Cuando Rosalía le contó la conversación a Edelmira, ambas empezaron a llorar. Pero ese día debía ser el de los hombres elegantes, pues apareció otro a las pocas horas con un Umschlag **sobre** para ellas.

—Soy el notario Miguélez y les vengo a comunicar que la Sra. Belinda Millán ha muerto sin familia y las ha nombrado a ustedes Erbinnen **herederas**. Dejó escrito lo siguiente:

"Para estas dos mujeres que se preocuparon por mí cada día y me hablaron siempre con cariño".

La Sra. Belinda había hecho una Vermögen **fortuna** extraordinaria.

—Comprendo el porqué: con todo lo que ahorró estos años... —comentó Rosalía.

Edelmira y Rosalía dejaron su trabajo en *Ahorro+* y abrieron una Geschäft **tienda** justo al otro lado de la calle. La llamaron "Ultramarinos Belinda", tenía un mostrador, las mercancías detrás y se calculaba los precios en papel. Las bolsas eran de tela. Y las Verkäuferinnen **dependientas**, las más populares del barrio.

el ultramarinos
Lebensmittelgeschäft

el supermercado
Supermarkt

la frutería y verdulería
Obst- und Gemüsegeschäft

las tiendas
Geschäfte

la droguería
Drogerie

el autoservicio
Selbstbedienungsladen

la carnicería
Metzgerei

la panadería y pastelería
Bäckerei und Konditorei

la pescadería y marisquería
Fisch- und Meeresfrüchtegeschäft

las frutas y verduras
Obst und Gemüse

la carne
Fleisch

los pescados y mariscos
Fisch und Meresfrüchte

las mercancías
Waren

los productos de limpieza
Putzmittel

los quesos y fiambres
Käse und Wurst

los productos de higiene personal
Körperpflegeprodukte

el pan
Brot

los congelados
Tiefkühlkost

hacer la compra
einkaufen

las partes de la tienda
Teile des Geschäfts

la caja (registradora)
Kasse

el escáner
Scanner

el carrito
Einkaufswagen

la cesta
Einkaufskorb

la pesa
Waage

el pasillo
Gang

la estantería
Regal

el mostrador
Verkaufstheke

pagar
bezahlen

el dinero (efectivo)
(Bar)Geld

cobrar
kassieren

el precio
Preis

el cambio
Wechselgeld

el monedero
Geldbeutel

la tarjeta (de débito / de crédito)
(EC/Kredit)Karte

el tique
Kassenbon

No pasó nada

—¡Vamos, rápido, no quiero llegar tarde! —le dice Elvira a su hija Carolina de 12 años justo antes de salir de casa por la mañana. Todos los días la madre lleva a su hija al **instituto** (Gymnasium) porque el **transporte público** (öffentliche Verkehrsmittel) no llega a su barrio. Además, el centro escolar está casi de camino de la oficina donde Elvira trabaja desde hace ya más de diez años. Aunque su **empleo** (Arbeit) en la empresa es un poco aburrido, Elvira no se queja porque piensa que por lo menos tiene seguridad y tranquilidad. Su vida familiar tampoco es muy emocionante y a veces piensa que la rutina ha terminado con todos sus sueños juveniles. Echa de menos su vida de joven estudiante con fiestas, viajes y la posibilidad de conocer gente nueva cada fin de semana.

Ya en el coche, madre e hija hablan como casi siempre de los **asuntos** (Angelegenheiten) del **colegio** (Schule).

—¿Llevas también el **libro** (Buch) de **Matemáticas** (Mathematik)? Ayer lo olvidaste en casa y la **profesora** (Buch) me llamó para quejarse —le pregunta la madre a su hija.

—¡Hoy no tenemos Mates, mamá! —le responde Carolina de mal humor.

—Bueno, no **me he aprendido de memoria** (ich habe auswendig gelernt) tu horario de clases. Simplemente no quiero problemas de nuevo. ¿Has hecho todos los deberes? —pregunta esta vez Elvira.

—Que sí, mamá, ¡qué **pesada** (nervig) eres! —contesta la hija ya muy cansada.

—Vale, vale... Por cierto, ¿cuándo tenéis el **examen** (Klassenarbeit) de **Inglés** (Englisch)? En el último no tuviste una **nota** (Note) muy buena, así que esta vez... —dice Elvira antes de la **interrupción** (Unterbrechung) de su hija.

—Es el próximo martes, tranquila. Y esta vez voy a **aprobar** (bestehen) con un **sobresaliente** (sehr gut (Note)) porque **he estudiado** (ich gelernt habe) un montón —dice Carolina para terminar la conversación cuando ya casi están llegando.

Cuando Elvira ve el ambiente juvenil delante del instituto con chicos que llegan con sus apuntes y sus **libros de texto** (Lehrbücher) en la mano, echa de menos su propia etapa escolar y, una vez más, odia su aburrida rutina diaria.

Mientras ya está aparcando, Elvira escucha un **claxon** (Hupe) y ve entonces como un hombre de su edad la saluda desde el coche que está justo enfrente. Después de ponerse las gafas de sol sobre la cabeza, puede ver bien al otro **conductor** (Fahrer) que le sonríe mientras ya se acerca a hablar con ella. Carolina le pregunta:

—¿Quién es ese **tío** (Kerl (ugs.))? ¿Lo conoces?

Entonces, efectivamente, Elvira reconoce a Raúl, el chico del que estuvo enamorada durante sus últimos cursos de instituto, pero con quien nunca llegó a tener nada. Al verlo, Elvira inmediatamente piensa que realmente tiene muy buen **aspecto** (Aussehen). Aquel joven guapo y deportista es ahora, a sus cuarenta y tantos años, con barba y pelo **cano** (grau), un hombre todavía muy atractivo.

—¡Hola, Elvira! ¡Qué alegría verte después de tanto tiempo! ¿Cuántos años hace ya? ¿25? ¡Y qué guapa estás! —le dice Raúl mientras la saluda con dos besos.

—¡Gracias! Yo también me alegro… ¿Qué tal estás? —pregunta Elvira empezando una conversación en el aparcamiento sobre las últimas dos décadas de sus vidas, sobre estudios universitarios, **bodas** (Hochzeiten) e hijos.

Durante la charla, y mientras escribe mensajes en su móvil, Carolina espera en el coche porque quiere pedir dinero a su madre.

—¡De verdad que me alegro de hablar contigo, Elvira! —le dice Raúl ya para despedirse—. ¡Con lo enamorado que yo estuve de ti en el último **curso de bachillerato** (Oberstufenkurs)!

— Ya, ya… ¡Eso lo dices ahora! —responde Elvira mientras le da dos besos de despedida—. Yo también me alegro mucho, Raúl, sobre todo de verte así de bien.

Cuando entra de nuevo en el coche, Carolina ve que su madre tiene los ojos llenos de **lágrimas** (Tränen) y que está casi llorando.

—Mamá, ¿estás bien? ¿Ha pasado algo? —pregunta la hija sorprendida.

—No, hija, no. Precisamente es eso. No pasó nada. Absolutamente nada.

el/la alumno/-a
Schüler/in
el/la profesor/a
Lehrer/in
la pizarra
Tafel
en la clase
im Klassenzimmer
el pupitre
Pult
la tiza
Kreide
la silla
Stuhl
el proyector
Beamer
en el colegio
in der Schule
ABC
Alemán
Deutsch
Inglés
Englisch
Matemáticas
Mathematik
Español
Spanisch
Ciencias Naturales
Naturwissenschaften
las asignaturas
Fächer
Artes Plásticas
Bildende Kunst
Geografía
Erdkunde
Música
Musik
Historia
Geschichte
Educación Física
Sport

los materiales escolares
Schulmaterialien
el libro (de texto)
(Lehr)Buch
el cuaderno
Heft
el estuche
Federmäppchen
la regla
Lineal
la pluma
Füllfederhalter
el sacapuntas
Anspitzer
el bolígrafo
Kugelschreiber
la goma de borrar
Radiergummi
el lápiz
Bleistift

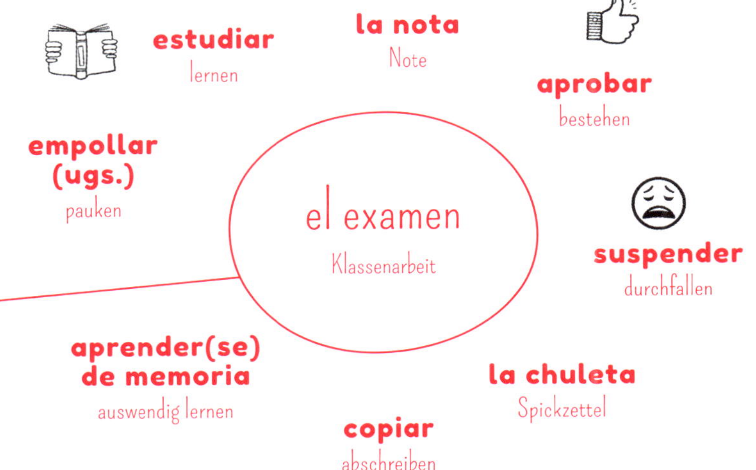
el examen
Klassenarbeit
estudiar
lernen
la nota
Note
aprobar
bestehen
empollar (ugs.)
pauken
suspender
durchfallen
aprender(se) de memoria
auswendig lernen
la chuleta
Spickzettel
copiar
abschreiben

El viaje a Ecuador

Quizás su fascinación por el **brillo** (Glanz) la tenía desde niña. Su familia era muy pobre y casi no tenía dinero para comer. Sin embargo, su madre intentaba **sustituir** (zu ersetzen) todo lo que faltaba. **Reutilizaba** (Sie verwendete wieder) lo que la gente tiraba a la basura: **telas** (Stoffe) viejas se transformaban en **cortinas** (Vorhänge) o con los **cristales** (Gläser) de botellas de diferentes colores, hacía el árbol de Navidad con más brillo de todo Madrid. Pronto, Catalina empezó a hacer su propia **ropa** (Kleidung) y **joyas** (Schmuckstücke) imitando los modelos que veía en las revistas de moda. Llegó un momento en el que era casi imposible diferenciar entre las joyas de la foto y las que ella había hecho de **metales** (Metalle) y cristales que ella **cortaba** (schnitt), **pulía** (schliff) y **pegaba** (klebte) con mucha paciencia. Fue entonces que su madre se puso muy enferma. Su madre venía de Ecuador y no había vuelto desde que habían llegado a España veinte años atrás. Sabía que su madre quería ver de nuevo su país antes de morir.

Entró un día en una agencia de viajes. La chica le dijo que el vuelo costaba 150 000 pesetas. Catalina se preguntó si era posible para alguien tener tanto dinero. Pero sí, lo era. En la página de una *Vogue* que había encontrado en la calle, había un broche que valía el doble. Catalina se pasó la semana buscando botellas y metales de todos los colores y tamaños. El sábado por la noche empezó y el domingo tenía un broche igual que el de la imagen.

Al día siguiente se puso la mejor ropa que tenía, copiada de otra revista de moda, pero hecha de **algodón** [Baumwolle] y no de **lana** [Wolle], y cogió el metro hasta Serrano. Mujeres y hombres perfumados y con ropa elegante caminaban por las calles y salían y entraban de cafés y tiendas. Entonces, cuando pasó por delante de una joyería, vio que estaba vacía en ese momento y entró. Un hombre que parecía muy amable, salió a recibirla.

—¿Le puedo ayudar en algo?

Catalina sacó el broche.

—**He heredado** (Ich habe geerbt) esta joya y me gustaría saber lo que vale y si usted quizás tiene interés en comprarla.

El hombre la miró con curiosidad, luego tomó el broche y lo miró de cerca.

—Señorita, lo siento, pero esta joya es una falsificación. No hay ni una sola **piedra** (Stein) ni **metal precioso** (Edelmetall). Tengo que decir, sin embargo, que es una copia perfecta del original.

Entonces, sacó una **bandeja** (Schubfach) y allí estaba el broche que ella había visto en la revista. El señor puso uno al lado del otro. Ciertamente, casi no se podían diferenciar. Sus manos **sudaban** (schwitzten). ¿Cómo podía **dar el cambiazo** (unbemerkt einen Austausch machen)?

En ese momento se abrió la puerta de la joyería y entraron dos hombres **enmascarados** (maskiert).

—¡Manos arriba, esto es un **atraco** (Überfall)!

Mientras uno de ellos los **amenazaba** (bedrohte) con la pistola, el otro abría vitrinas para coger todas las joyas y meterlas en un saco. Entonces, el joyero apretó con el pie un botón, la puerta se cerró y de todas partes empezó a salir **humo** (Rauch).

Cuando abrió los ojos, tenía delante de ella a dos policías.

—¿Está bien, señorita?

El joyero hablaba con otro y vio que los **ladrones** (Diebe) estaban en el suelo **esposados** (mit Handschellen gefesselt). La calle estaba llena de gente curiosa mirando hacia la joyería.

Perdió todo el día en la comisaría explicando lo que había pasado. Una agente se ofreció a llevarla a casa. Cuando iba a entrar en el coche, apareció el joyero corriendo.

—Señorita, su abrigo.

Cuando llegó a casa, su madre estaba dormida en el sofá. Catalina cogió el abrigo y la cubrió con él, pues hacía frío. Y entonces vio que en la **solapa** (Revers) del abrigo brillaban los dos broches iguales.

Unas semanas después, Catalina y su madre estaban en el avión a Guayaquil.

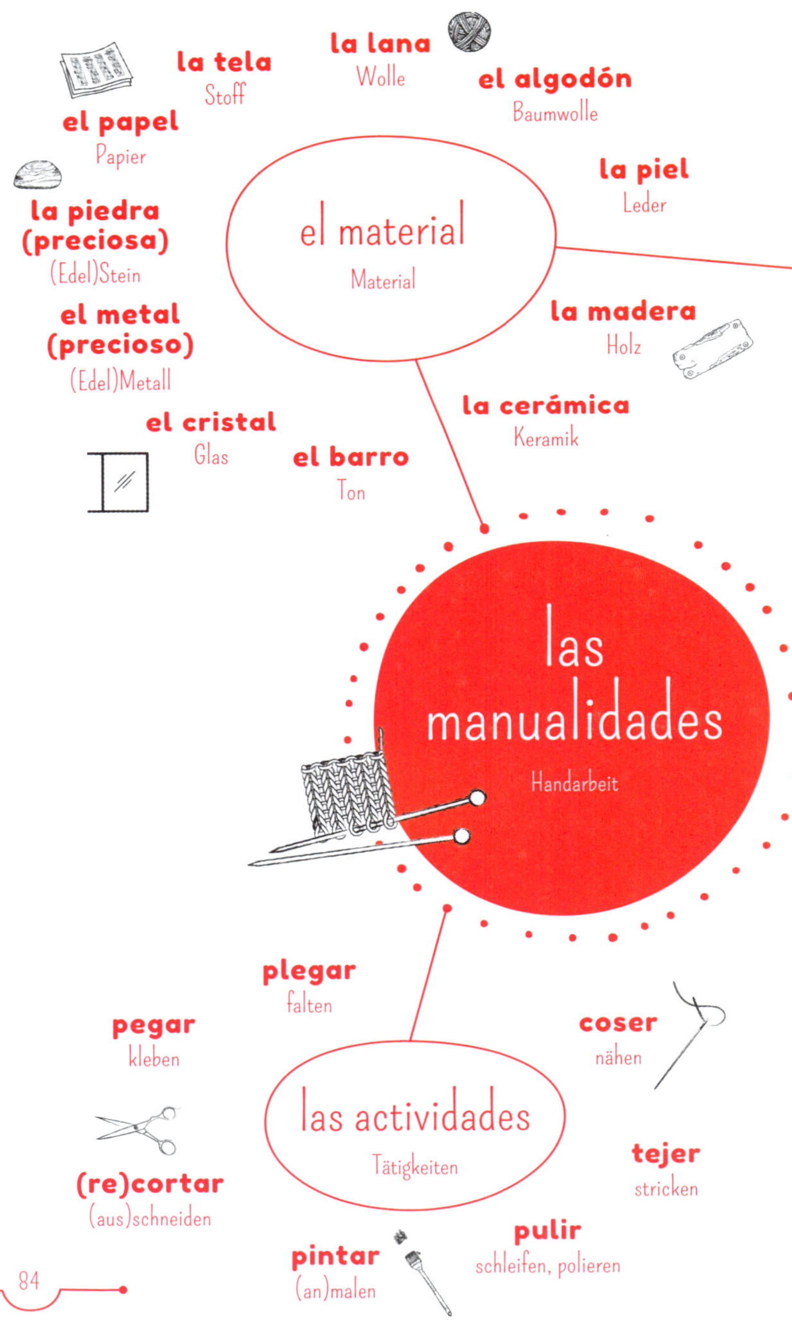
la tela
Stoff
la lana
Wolle
el algodón
Baumwolle
el papel
Papier
la piel
Leder
la piedra (preciosa)
(Edel)Stein
el material
Material
el metal (precioso)
(Edel)Metall
la madera
Holz
la cerámica
Keramik
el cristal
Glas
el barro
Ton
las manualidades
Handarbeit
plegar
falten
pegar
kleben
coser
nähen
las actividades
Tätigkeiten
tejer
stricken
(re)cortar
(aus)schneiden
pulir
schleifen, polieren
pintar
(an)malen

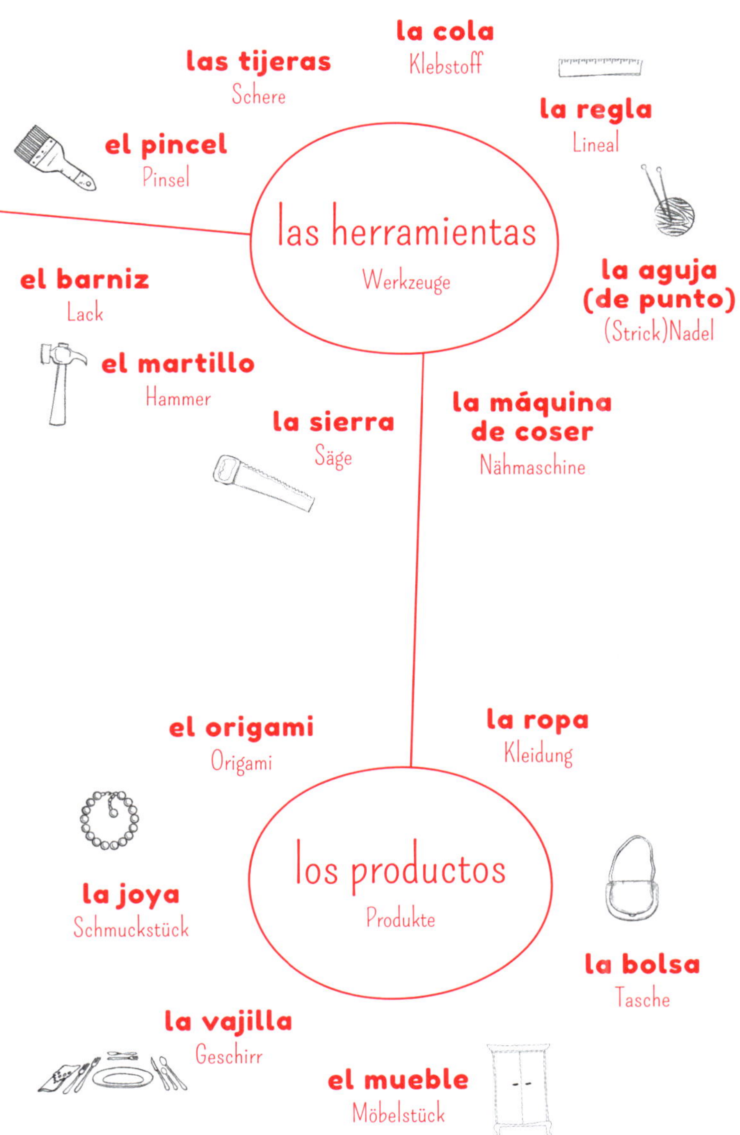
la cola
Klebstoff
las tijeras
Schere
la regla
Lineal
el pincel
Pinsel
las herramientas
Werkzeuge
el barniz
Lack
la aguja
(de punto)
(Strick)Nadel
el martillo
Hammer
la sierra
Säge
la máquina
de coser
Nähmaschine
el origami
Origami
la ropa
Kleidung
los productos
Produkte
la joya
Schmuckstück
la bolsa
Tasche
la vajilla
Geschirr
el mueble
Möbelstück

El primer gin-tonic

Hace muchos meses que Juan no va a **bailar** (tanzen) a una **discoteca** (Disko). Últimamente sale poco y cuando lo hace, queda con sus amigos en el barrio donde **toma** (er trinkt) unas **cervezas** (Bier) y luego se va a casa. Desde su **ruptura** (Trennung) con Sara, casi un año antes, su vida amorosa no existe y no tiene ganas de salir con sus amigos hasta más tarde. Todavía no está preparado. Desde entonces, Juan está concentrado en el trabajo y no piensa en otra cosa. Esa es su estrategia para olvidar a su exnovia y continuar adelante con su vida.

Un viernes, después de finalizar en la oficina un proyecto importante, Juan por fin decide salir con el resto del grupo.

La noche empieza con una fiesta en casa de un compañero y Juan se siente muy bien desde el primer momento. Con buena **música** (Musik) y los amigos de siempre, después de tomar un par de **copas** (Drinks), todo parece ser de nuevo como antes de la ruptura.

Cuando termina la fiesta y deciden continuar, Juan no lo duda. Esta vez él también va con el resto a la discoteca de moda.

Al llegar, dos **porteros** (Türsteher) los saludan y después de pagar la **entrada** (Eintrittskarte) con **derecho** (Anspruch) a una **consumición** (Verzehr), Juan y sus amigos dejan sus chaquetas en el **guardarropa** (Garderobe).

Solo unos minutos después, Juan ya está en la **barra** (Theke) y espera su turno mientras observa a la **gente** (Leute) en la **pista de baile** (Tanzfläche). Una gran **bola de espejos** (Diskokugel) **brilla** (glänzt) en el local y cientos de **personas** (Personen) bailan al ritmo de la música. Por fin pide su consumición al **camarero** (Kellner).

—¿Me pones un gin-tonic, por favor?

Juan baila con sus amigos y un par de **canciones** (Lieder) más tarde su vaso ya está casi vacío. Antes de ir de nuevo a pedir otra copa, su mirada se cruza con los ojos más bonitos que ha visto jamás. La chica, más o menos de su edad, lo mira y le sonríe.

Después de casi un año, Juan siente de nuevo algo en el **estómago** (Magen), una sensación casi olvidada. Tras varias miradas, Juan va a la barra y pasa cerca de la chica que le sonríe de nuevo.

—¿De verdad que **está ligando** (flirtet sie) conmigo? —se pregunta Juan que ya no recuerda vivir en primera persona una situación así. Ya junto a la barra, ahora con menos gente, la busca en la pista con la mirada, pero no la encuentra. Entonces, cuando el camarero le pregunta qué quiere **beber** (trinken), la chica aparece en la barra a un metro de distancia. De pronto, Juan actúa sin pensar.

—Un gin-tonic para mí, por favor, y para ella... —dice mientras la chica sonríe de nuevo.

—¿Me vas a invitar a una copa? —pregunta mientras reduce el metro de distancia entre ellos a la mitad.

—Si tú quieres, por supuesto —dice Juan, más valiente que de costumbre por los efectos del alcohol.

—¡Gracias! —acepta ella la invitación. Me llamo Nuria, ¿y tú?

—Soy Juan, encantado —responde mientras le da dos besos. Nuria también pide su **bebida** (Getränk) y los dos **charlan** (plaudern) un rato. Sin saber por qué, Juan comienza a inventar una historia personal original para lograr la atención de la joven.

—Yo no soy de aquí, ¿sabes? Solo estoy este fin de semana en la ciudad por trabajo. Vivo en Mallorca casi todo el año, aunque viajo mucho. Soy **periodista** (Journalist) y ahora estoy escribiendo un reportaje sobre **tráfico de armas** (Waffenhandel).

—¿De verdad? ¡Qué emocionante! —responde Nuria—. Yo soy **azafata** (Flugbegleiterin) y trabajo aquí en Madrid desde hace dos años.

Durante horas, Juan y Nuria charlan y la atracción es inmediata, tanto que los dos se van a dormir juntos al piso de la chica.

Cuando a la mañana siguiente Juan se despierta en una cama extraña, tiene una sensación muy rara. Por un lado está feliz porque Nuria le gusta de verdad, pero por otro lado se siente mal por mentir, así que prefiere hablar con ella inmediatamente después de darle un beso de buenos días.

—Nuria, lo siento. No quiero hacer las cosas mal. Ayer te mentí. No vivo en Mallorca, ni soy un periodista que está escribiendo un reportaje. Pero sí es verdad que me gustas, y mucho.

Cuando ella responde, Juan está confuso y muy sorprendido.

—Yo también te mentí. Ni siquiera me llamo Nuria, mi nombre real es Eva. Y tú también me gustas mucho.

Tres décadas más tarde, Juan y Eva celebran sus **bodas de plata** (Silberhochzeit).

la pista de baile
Tanzfläche
la entrada
Eingang
la tarima
Podium
el guardarropa
Garderobe
los lugares
Orte
la barra
Theke
la salida
de emergencia
Notausgang
el aseo
Toilette
en la
discoteca
in der Disko
escuchar música/
canciones
Musik/Lieder hören
bailar
tanzen
las acciones
Handlungen
charlar
plaudern
ligar
flirten
conocer a gente
Leute kennenlernen
tomar/
beber
trinken

las personas
Personen

el/la portero/-a
Türsteher/in

el/la pinchadiscos / el/la DJ
DJ

el/la gogo
Tänzer/in

el/la dueño/-a
Besitzer/in

el/la cliente/-a
Kunde/-in

el/la camarero/-a
Kellner/in, Barkeeper/in

los objetos
Gegenstände

la entrada
Eintrittskarte

la bola de espejos
Diskokugel

la consumición
Verzehr

el taburete
Hocker

la copa
Drink

la cerveza
Bier

la bebida
Getränk

el sofá
Sofa

15 La empanada (gefüllte Teigtasche)

Su novia lo dejó de un día para otro.

—Me he cansado. Me voy.

Y Julián se quedó muy deprimido. En su trabajo en el banco empezó a hacer cosas mal. Tan mal que un día **se equivocó** (machte er einen Fehler) **en una operación** (bei einer Transaktion) y desaparecieron tres millones de euros. El banco lo llevó a los **tribunales** (Gericht) y el **juez** (Richter) no lo dudó.

—Culpable. ¡A prisión!

Cuando lo metieron en el coche de la policía para llevarlo a la **cárcel** (Gefängnis), Julián sintió mucho miedo. En la escuela **había sufrido acoso** (hatte er Mobbing erlitten). Era delgado, débil, la víctima perfecta. Entonces dijo:

—En verdad, soy una mujer en un cuerpo de hombre. ¡Me tienen que llevar a una prisión de mujeres!

Pensó que una cárcel de mujeres era un lugar menos peligroso.

Cuando entró en la **celda** (Zelle), vio claramente que su intuición no era correcta. Lo recibió una mujer grandísima y musculosa con el pelo **afeitado** (rasiert). **Brillaba** (Sie glänzte) como un árbol de Navidad con tantos *piercings*. Tenía el cuerpo lleno de tatuajes. El de la **frente** (Stirn) ponía: Hija de Satán.

—Así que tú eres Juliana, ¿eh?

Lo primero que hizo fue darle un **puñetazo** (Faustschlag) en el **estómago** (Magen). Después lo tomó por las orejas y lo levantó en el aire.

—¿Está claro quién es el jefe aquí?

Julián dijo que sí con la cabeza. La mujer, que se llamaba Mari-puri, pero prefería el nombre de Ramón, era una **asesina en serie** (Serienmörderin).

—**Estoy harto de** (Ich habe es satt) estar en esta cárcel y tú me vas a ayudar a salir. Te voy a observar todo el tiempo. Si hablas con alguien, te **juro** (ich schwöre) que te **corto** (ich schneide ab) la lengua con mis propias manos y la **guiso** (ich schmore). ¿Está claro?

Julián no podía ni moverse.

—Si miras por la ventana, vas a ver una **alcantarilla** (Abwasserkanal) justo delante. Pues bien, hay que llegar a esa alcantarilla, pues comunica con el metro. He podido robar una **cuchara** (Löffel) de la **cocina** (Küche). Vas a **rascar** (abschaben) la pared con ella. Hasta hacer un túnel para salir a la alcantarilla.

La directora le había preguntado qué sabía hacer y dijo que sabía **cocinar** (kochen), así que lo enviaron a la cocina. Pero Maripuri estaba también allí y **no le quitaba ojo de encima** (ließ ihn nicht aus den Augen).

Y esta era su vida: de día **pelar** (schälen), cortar, **cocer** (kochen), **freír** (braten), **asar** (grillen)... De noche, rascar la pared.

Pronto Julián se hizo popular por sus empanadas y la directora de la prisión le dijo que tenía que hacer una para ella cada viernes.

Y así pasaron los días hasta que un día sintió una **corriente de aire** (Luftzug) por la pared. Ramón pareció satisfecha y dijo:

—Esta noche vamos a romper lo que queda con una **patada** (Fußtritt), vamos a levantar la **tapa** (Deckel) de la alcantarilla y desaparecer para siempre. Has trabajado muy bien, aunque eres débil y pareces idiota. Vamos ahora a la cocina, tú a hacer tus empanadas y yo a pelar patatas. ¡Por última vez!

Llegó la noche y todo era silencio. A las doce de la noche, Ramón dio una patada a la pared que se rompió como un papel. Entonces la mujer cogió a Julián y le dio un golpe en la cabeza con su propia frente. Julián pudo escuchar antes de perder la **consciencia** (Bewusstsein):

—Ya no me sirves para nada. Ahí te quedas.

Una empanada puede tener decoración de todo tipo hecha con la **masa** (Teig). Pueden ser líneas, figuras, flores..., pero Julián empezó a poner letras. Y fue así cómo le contó a la directora de la prisión lo que estaba pasando. Ramón lo miraba todo el tiempo y podía ver que Julián no hablaba con nadie, pero lo que no podía ver era lo que él escribía en la empanada. Y así, cuando Ramón llegó al final de la alcantarilla y abrió la puerta que daba al metro, se encontró con varios policías que la esperaban.

Como premio por su colaboración, Julián pudo salir de prisión. Lo primero que hizo fue tomar un avión a las islas Caimán. Pues allí es donde había enviado los tres millones de euros. Empezaba una nueva vida.

picar
zerhacken, zerkleinern
cortar
schneiden
cocer
(im Wasser) kochen
cocinar
kochen
freír
braten, frittieren
pelar
schälen
asar
braten, grillen
guisar
schmoren
en la cocina
in der Küche
la sartén
Pfanne
la olla
Topf
el colador
Sieb
los utensilios de cocina
Küchenartikel
la cuchara
Löffel
el vaso
Glas
el plato
Teller
el tenedor
Gabel
el cuchillo
Messer

los ingredientes
Zutaten
la pimienta
Pfeffer
el aceite (de oliva)
(Oliven)Öl
la sal
Salz
el vinagre
Essig
el azúcar
Zucker
la harina
Mehl
el perejil
Petersilie
el ajo
Knoblauch
la cebolla
Zwiebel

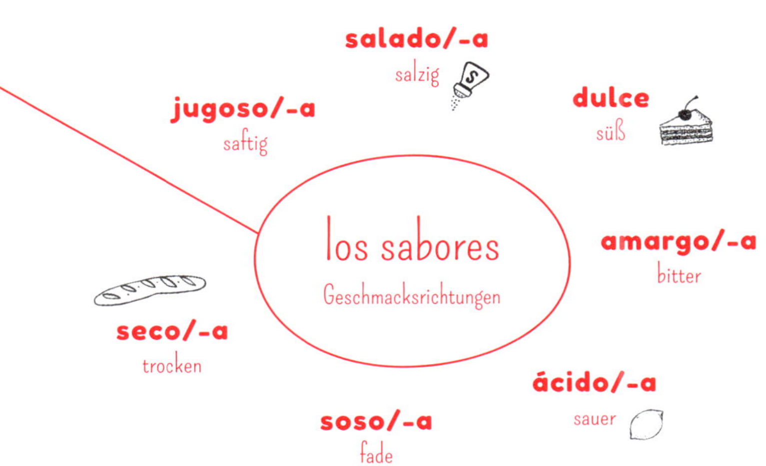
los sabores
Geschmacksrichtungen
salado/-a
salzig
jugoso/-a
saftig
dulce
süß
amargo/-a
bitter
seco/-a
trocken
ácido/-a
sauer
soso/-a
fade

Un papá muy elegante

Desde muy pequeño, Tomás ve a su padre casi como a un héroe.

laut
Muchas veces no solo piensa sino que también dice **en voz alta** la imagen que tiene de él:

—Mi papá es alto y muy fuerte. Mi papá juega superbién al fútbol. Mi papá es el más rápido.

Cuando no comprende algo o tiene alguna pregunta sobre cualquier tema, el niño, a sus seis años, cree que su padre siempre sabe la solución.

Kleidung
Tomás está acostumbrado a ver a su padre con **ropa** muy
elegant Anzug grau schwarz Hemd
elegante, casi siempre con un **traje gris** o **negro**, una **camisa**
weiß Krawatte Farbe
blanca y una **corbata** que cambia de **color** casi cada día.

Por supuesto, Tomás también quiere mucho a su mamá, pero su padre es su modelo y el ejemplo que él mismo siempre quiere imitar.

Desde que Tomás tiene una hermanita y su madre tiene un
Mutterschaftsurlaub
permiso laboral de maternidad para estar en casa con su hija, la vida familiar es diferente. Normalmente su papá ya no está en casa por las mañanas porque se va muy temprano a la oficina del banco donde trabaja.

Ahora su mamá ya no tiene que trabajar fuera de casa, aunque
anstrengend
Tomás piensa que cuidar del bebé todo el día es **agotador**.
zieht sich an / Er zieht an
Antes de ir al colegio, Tomás ya **se viste** solo. **Se pone**
Hose / T-Shirt / Pullover / Sweatshirt
su **pantalón**, su **camiseta** y un **jersey** o una **sudadera**
sportlich
deportiva y se prepara para desayunar.

Todas las mañanas, su mamá y su hermanita lo acompañan a la escuela donde también come y tiene clases hasta las cinco de la tarde. Algunas veces su padre lo recoge por las tardes. Entonces
stolz
Tomás está muy **orgulloso** de ir con él en el coche y le cuenta con detalles su día en la escuela.

Así es durante años hasta que empieza una crisis económica brutal en el país y el padre de Tomás pierde su trabajo.
Arbeit
Por suerte, la madre puede volver a su **empleo** y la situación

económica de la familia no es **grave** (schlimm). Por lo menos al principio.

Los primeros meses de su papá en casa sin trabajo son bastante raros para Tomás.

Aunque se alegra de poder estar más tiempo con él, incluso de jugar juntos cuando, por ejemplo, su hermanita está durmiendo, Tomás ve que su padre está ahora un poco más triste.

El tiempo pasa y la hermana de Tomás empieza también en la escuela.

Después de más dos años en el **paro** (Arbeitslosigkeit), el padre de familia ya no se siente como el héroe que algún día fue para su hijo. Con los dos niños ya en la escuela, busca de nuevo trabajo. Pero **a pesar de que** (obwohl) lo intenta en un montón de empresas durante muchos meses, no encuentra ningún empleo en su sector.

La crisis económica obliga al papá de Tomás a **valorar** (abzuwägen) todas las alternativas para poder ganar un sueldo y ayudar así a la economía familiar.

Tomás ya ha cumplido los nueve años y poco a poco ya puede

comprender que la situación en casa es cada vez más complicada. Sus padres hablan mucho de dinero y dicen muchas veces palabras que él todavía no entiende muy bien, como crédito o hipoteca. Pero sí comprende que su padre, su héroe de la Kindheit **infancia**, se siente especialmente mal con la situación familiar. Y puede comprender perfectamente que su madre con su empleo en una Kindergarten **guardería** es también la Heldin **heroína** de la casa.

Meses después, una tarde, el padre de Tomás llega al colegio para recoger a su hijo. Pero en lugar de la ropa formell **formal** de siempre, su papá trägt **lleva** un uniforme de trabajo de color orange **naranja** donde se pueden leer las palabras Reinigungsservice "**Limpiezas** Suárez".

Aunque el padre de Tomás parece al principio incluso un poco beschämt **avergonzado**, su cara cambia cuando ve la sonrisa de su hijo y escucha sus palabras después de darle un fuerte abrazo:

—A todos los superhéroes les encantan los trajes de colores auffällige **llamativos**. ¡Me gusta muchísimo tu nuevo uniforme de héroe, papá!

la camiseta
T-Shirt
la camisa
Hemd
el pantalón
Hose
la blusa
Bluse
los vaqueros
Jeans
las prendas
Kleidungsstücke
el jersey
Pullover
la falda
Rock
la sudadera
Sweatshirt
el vestido
Kleid
la chaqueta
Jacke
el traje
Anzug
el abrigo
Mantel
la corbata
Krawatte
gris
grau
negro/-a
schwarz
marrón
braun
de colores
bunt
azul
blau
blanco/-a
weiß
celeste
hellblau
los colores
Farben
verde
grün
amarillo/-a
gelb
lila
lila
naranja
orange
rojo/-a
rot
rosa
rosa

desnudarse
sich nackt ausziehen
quitarse
ausziehen
vestirse
sich anziehen
cambiarse/
mudarse
(de ropa)
sich umziehen
ponerse
anziehen
llevar
tragen
probar
anprobieren
la ropa
Kleidung
formal
formell
clásico/-a
klassisch
informal
leger
los estilos
Stile
anticuado/-a
altmodisch
elegante
elegant
moderno/-a
modern
deportivo/-a
sportlich

Los zapatos

El señor García era un señor horrible y **asqueroso** (ekelhaft). Eso lo opinaban todos los **vecinos** (Nachbarn). Vivía en el **ático** (Dachwohnung). Sin embargo, se pasaba el día en el **bajo** (Wohnung im Erdgeschoss) de la derecha donde había tenido su **taller** (Werkstatt) de zapatero (aunque él mismo llevaba siempre unos zapatos rojos horribles y viejísimos). Él, Samuel, tenía un pequeño **bar** (Bar) en el bajo de la izquierda. Era un bar muy popular entre los **obreros** (Arbeiter) del **barrio** (Wohnviertel) a primera hora de la mañana; entre los **empleados** (Angestellte) del banco, a mediodía; entre los **jubilados** (Rentner) que jugaban a las cartas, después de comer; entre los demás trabajadores, a la salida de su trabajo, a las seis de la tarde; y entre los jóvenes que venían a ver el partido de fútbol, a última hora del día. Pronto fue evidente que necesitaba **ampliar** (erweitern) el local y la opción más lógica era hacerlo con el bajo del señor

García. Fue a hablar con él en varias ocasiones. Le ofreció cada vez más dinero, pero la respuesta era siempre la misma: No, no y no.

—Pero si usted ya no trabaja más. ¿No se imagina un viaje por todo el mundo con el dinero que le voy a dar?

—N-O.

El tema empezó a transformarse en una obsesión. En su cabeza tenía una idea muy clara de cómo quería ampliar el bar. En la parte del señor García quería poner unas mesas y sillas elegantes con lámparas verdes para darle un **aire de café parisino** (Anstrich eines Pariser Cafés). Así el bar ofrecía dos ambientes: el "normal" para tomar un **pincho de tortilla** (Tortillahäppchen) y ver el fútbol con unos vinos; y el "elegante" para leer el periódico con tranquilidad o tener una cita romántica.

Cuando llegó la Navidad y se imaginó que el señor García iba a estar más abierto a la **venta** (Verkauf), fue a su puerta con un **contrato** (Vertrag) ya listo. El señor García solamente tenía que firmar.

No tomó el **ascensor** (Aufzug), sino que subió a pie por las **escaleras** (Treppen). Cuando llegó, llamó al **timbre** (Klingel). El señor García abrió con su cara de mal humor habitual.

—Otra vez usted. ¿Qué **porras** (zum Teufel (ugs.)) quiere?

Samuel le puso el contrato delante.

—Señor García, ¡es Navidad! Hoy le he traído una **propuesta de compra** (Kaufangebot) que no va a poder **rechazar** (ablehnen). Le ofrezco ciento veinte mil...

—O es usted un poquito **sordo** (taub) o un poquito tonto. ¡Que no quiero vender, ni ahora, en Navidad, ni en **Semana Santa** (Osterwoche), ni en verano! ¡Adiós!

Y le cerró la puerta en las narices.

Samuel bajó con el corazón lleno de pensamientos oscuros. Y entonces lo decidió: iba a matar al señor García, imitar su firma y **quedarse con** (behalten) el local.

Esa misma noche, Samuel entró en el taller. Iba a esperar allí al señor García, le iba a dar un golpe en la cabeza y después iba a desordenar todo.

—Así van a creer que ha sido un robo.

A las cinco oyó la voz de alguien que cantaba. Era la **señora de la limpieza** (Putzfrau), Marina. No había pensado en ella. Si Marina oía un algo, podía llamar a la policía. El plan se empezaba a complicar. Pum. La puerta del ático. El señor García bajaba.

—Señor García, debe tener cuidado, acabo de **fregar** (nass wischen) y están las escaleras mojadas.

—Usted sí que está mojadaaaa, ¡arg!

Se oyó un **estruendo** (Lärm) y los gritos de Marina.

—Dios mío, señor García, ya le dije que estaba mojado el suelo, pero... ¡se ha muerto! ¡Se ha muerto! ¡Ayuda!

Los **herederos** (Erben) eran unos sobrinos lejanos y no **sospecharon** (ahnten) nada cuando Samuel les enseñó el contrato de venta firmado.

Ese mismo mes los obreros empezaron con las **obras** (Bauarbeiten).

El **día de Reyes** (Dreikönigstag), ayudó a sus hijos a limpiar los zapatos para ponerlos debajo del árbol. Por la noche, cuando sus hijos ya dormían, su mujer y él fueron a poner los regalos en los zapatos.

Y entonces su mujer le dijo **extrañada** (erstaunt):

—Cariño, ¿qué zapatos son estos?

Samuel se quedó sin palabras. Debajo del árbol, entre los zapatos de todos, estaban los zapatos rojos asquerosos del señor García.

la planta
Stockwerk
el bajo
Wohnung/Lokal im Erdgeschoss
el portal
Eingangsbereich
las partes del edificio
Gebäudeteile
el piso
Wohnung, Stockwerk
el timbre
Klingel
el balcón
Balkon
el ático
Dachwohnung
el ascensor
Aufzug
la escalera
Treppe
en el vecindario
in der Nachbarschaft
el semáforo
Ampel
el paso de cebra
Zebrastreifen
la farola
Straßenlaterne
la acera
Gehweg
la calle
die Straße
el banco
(Sitz)Bank
el buzón
Briefkasten
la papelera
Papierkorb
la estatua
Statue
la fuente
Springbrunnen

la gente del barrio
Leute im Wohnviertel

el/la conserje
Pförtner/in, Hausmeister/in

el/la barrendero/-a
Straßenfeger/in

el/la vecino/-a
Nachbar/in

el/la quiosquero/-a
Zeitungsverkäufer/in

el/la presidente/-a de la comunidad
Vorsitzende/r der Hausgemeinschaft

el/la señor/a de la limpieza
Putzmann/-frau

las tiendas
Geschäfte

el bar
Bar, Imbissstube

el quiosco
Kiosk

el restaurante
Restaurant

el supermercado
Supermarkt

el taller
Werkstatt

la carnicería
Metzgerei

la panadería
Bäckerei

la pastelería
Konditorei

El hogar

Zuhause

Todo había empezado en un **examen de bachillerato** (Abiturprüfung) en el internado. El **matón** (Raufbold) de la clase, Erasmo, estaba sentado detrás de él.

—Rodolfo, tú, basura, pon ahora mismo el examen a un lado para poder ver las respuestas —le dijo en un **susurro** (Flüstern)—. Si no lo haces, te rompo las piernas.

A la salida, en lugar de darle las gracias, Erasmo le dijo:

—Mañana tengo que **repartir** (austragen) periódicos y no me apetece. Lo vas a hacer tú en mi lugar.

Esto se convirtió en una serie de trabajos cada vez más difíciles y peligrosos. Hasta que un día, cuando **atracaban** (sie überfielen) una tienda, la dueña no quiso abrir la caja y darles el dinero. Erasmo le **ordenó** (befahl) usar la pistola y él dijo que no. Empezaron a discutir y la señora logró escaparse y pedir ayuda. Tuvieron que salir corriendo:

—Hoy te mato —dijo Erasmo.

Rodolfo decidió no pararse. Dejó atrás el centro de la ciudad, llegó a las **afueras** (Vororte), los barrios más tristes; pero él siguió corriendo. Después de los barrios pobres, llegó la zona industrial y luego el bosque. Entonces apareció aquella **casa** (Haus). Tenía **planta baja** (Erdgeschoss) con grandes **ventanas** (Fenster), una **primera planta** (erstes Stockwerk) con **balcones** (Balkone) y un **tejado** (Dach) rojo. Un muro **rodeaba** (umringte) todo. Parecía vacía desde hacía mucho tiempo. La **puerta** (Tür) del muro estaba abierta y entró en el jardín lleno de **maleza** (Unkraut). La puerta se abrió sin problema. Decidió tratar de entrar y pasar allí la noche. En el **salón** (Wohnzimmer) había un **sofá** (Sofa) y muchos **muebles** (Möbelstücke) **antiguos** (alte).

—Mañana pienso cómo seguir —se dijo.

Al día siguiente, pudo ver la casa con más tranquilidad. En la planta baja había un salón, la **cocina** (Küche) y una biblioteca. En la primera planta había tres **dormitorios** (Schlafzimmer) y un **baño** (Badezimmer). Abrió el **grifo** (Wasserhahn) y después de varios ruidos extraños, empezó a salir agua. A mediodía ya se había lavado, había encendido la cocina con **madera** (Holz) que había en un **cobertizo** (Schuppen) y se había hecho un té con menta que crecía en el jardín. De repente, oyó que alguien llamaba desde el jardín. Era un señor muy mayor, que, cuando lo vio, dijo:

—Héctor, ¿eres tú?

Rodolfo dudó un poco, pero finalmente nickte er **asintió**.

—Ah —continuó el señor—, ha pasado tanto tiempo desde que murió tu madre... Entonces, tenías solo diez años. ¡Cómo has cambiado! ¿Has venido para quedarte?

—Yo... —dudó Rodolfo—. He venido a pasar unos días.

Por la tarde, el vecino le había traído patatas, zanahorias, algo de carne y café. Él había limpiado un poco el jardín y había descubierto varios árboles de frutas. Esa noche encendió la Kamin **chimenea**. Pasaron los días y la casa era cada día más un hogar. Cuando limpió el Staub **polvo** de las fotos en las Wände **paredes**, pudo ver que había un joven que se parecía un poco a él.

—Será el tal Héctor —pensó.

Poco a poco se fue olvidando de su vida anterior. Pero un día la realidad apareció en la puerta. Oyó un coche frenando delante de la casa y de él bajó un hombre. ¡Erasmo!

—¡Sé que estás aquí! Te he localizado por fin por la señal del móvil.

Erasmo schoss **disparó** al aire y fue hacia la casa. Pero en ese momento llegó otro coche detrás que se paró también y bajó un hombre, un hombre que se parecía al joven de las fotos.

—¿Se puede saber qué hace aquí? —le gritó el hombre—. Esta casa es mía. ¿Por qué la ha...?

No le dio tiempo a decir mucho más. Erasmo zielte auf ihn **lo apuntó** con la pistola y disparó. Después se metió en el coche y desapareció entre los árboles del bosque.

La policía vino a llevarse el cadáver de Héctor, que ahora se llamaba Rodolfo, y Rodolfo, que ahora se llamaba Héctor fue aún más dueño de la casa con sus nuevos documentos y la seguridad de que ya nadie iba a venir a sacarlo de su hogar.

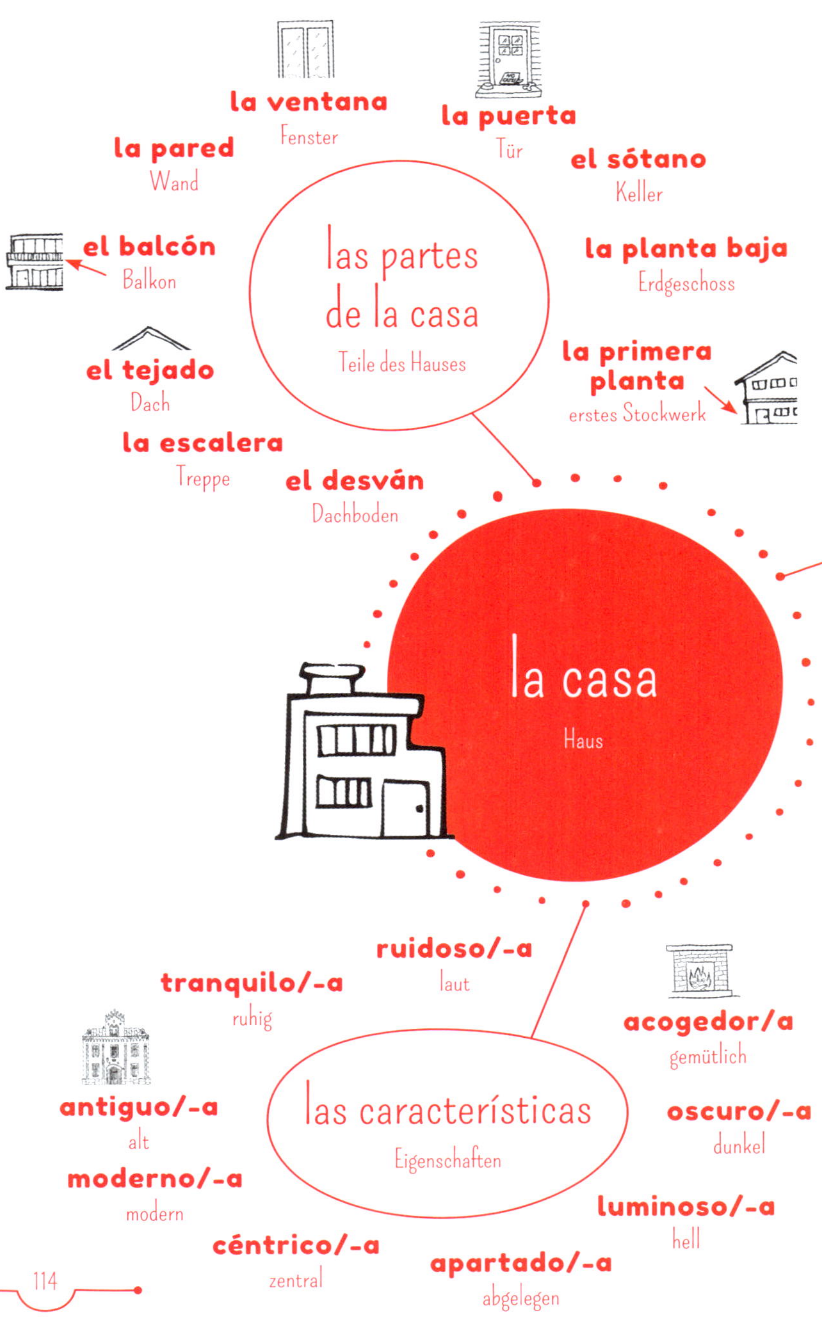
la ventana
Fenster
la puerta
Tür
la pared
Wand
el sótano
Keller
el balcón
Balkon
las partes de la casa
Teile des Hauses
la planta baja
Erdgeschoss
el tejado
Dach
la primera planta
erstes Stockwerk
la escalera
Treppe
el desván
Dachboden
la casa
Haus
ruidoso/-a
laut
tranquilo/-a
ruhig
acogedor/a
gemütlich
antiguo/-a
alt
las características
Eigenschaften
oscuro/-a
dunkel
moderno/-a
modern
luminoso/-a
hell
céntrico/-a
zentral
apartado/-a
abgelegen

las habitaciones
Räume

el salón
Wohnzimmer

el baño
Badezimmer

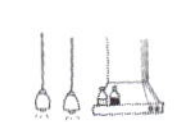

la cocina
Küche

el vestidor
begehbarer Kleiderschrank

el dormitorio
Schlafzimmer

la despensa
Speisekammer

el cobertizo
Schuppen

el garaje
Garage →

los muebles
Möbelstücke

la cómoda
Kommode

la estantería
Regal

el armario
Schrank

la mesa
Tisch

la silla
Stuhl

el escritorio
Schreibtisch

el sofá
Sofa

la mesilla de noche
Nachttisch

el sillón
Sessel

la cama
Bett

Hanal Pixán*

En sus más de 90 años de vida, mi madre siempre vivió en el pueblo, desde su nacimiento hasta su muerte.

Benedicta conoció muy joven el Schmerz **dolor** porque poco después de ser madre, mi padre murió en un accidente. Witwe **Viuda** a los 30 años, trabajó mucho para darme a mí, su único hijo, un buen futuro.

Con mis estudios en la universidad, yo dejé el pueblo para siempre, pero mi madre vivió sola en la casa familiar hasta su último día.

Era una mujer bescheiden **sencilla** y le encantaba comer Oktopus **pulpo**. Disfrutaba casi cada domingo de su comida favorita y le gustaba muchísimo einzutunken **mojar** con el pan en el plato, todavía con los restos de aceite de oliva.

ließ sie aus / Schnaps
Después de comer, nunca **perdonaba** el **chupito** de licor café que, según ella, le daba energía a su corazón de más de 90 años.

Beerdigung / Todestag / Blumen / Grab / Chrysanthemen
Un año después de su **entierro**, por su primer **aniversario**, volví desde la ciudad para llevarle **flores** a su **tumba**. Así, una mañana de un domingo de abril compré **crisantemos** y fui a la tumba de mi madre. Pero al llegar, mi sorpresa fue enorme.

Grabstein / Name / Foto / Geburtsdatum / Todesdatum
Encima de la **lápida** con su **nombre**, su **fotografía**, su **fecha de nacimiento** y su **fecha de la muerte** había un plato de pulpo y un chupito de licor café.

Confundido y sin saber qué hacer, decidí ignorar aquel pequeño teatro.

Friedhof
Cuando el segundo año, también por el aniversario, volví al **cementerio**, encontré de nuevo, para mi sorpresa, un plato de pulpo y un vasito con el licor café.

Decidí entonces preguntar a dos vecinas del pueblo, amigas de mi madre, pero ninguna de las dos pudo ayudarme.

—¿Pero no has sido tú? —me preguntó una de ellas—. Si ha sido otra persona, la verdad es que conoce bien a tu madre porque a ella le encantaba comer pulpo y también el licor café. Tú lo sabes perfectamente, por eso yo pensé que quizás tú...

Después de negar mi participación y pedirles cualquier información sobre el tema en el futuro, fui directamente al bar del pueblo. Allí pregunté a todos los vecinos sobre el tema, pero nadie me dio información útil y volví a casa sin éxito.

Un año más tarde, para **resolver** (aufzulösen) por fin el misterio, decidí esconderme muy temprano en el cementerio del pueblo.

Así, y durante horas, observé desde un rincón la tumba de mi madre.

Y entonces, a las once de la mañana, vi llegar muy despacio a un hombre mayor, con **traje** (Anzug) y sombrero muy elegantes, con algo en la mano.

De repente, ya muy cerca de la tumba, se quitó el sombrero para mostrar respeto y puso un plato de pulpo sobre la lápida.

Y en ese momento por fin le vi bien la cara.

Reconocí inmediatamente a Valentín, un señor de más de 90 años, emigrante durante varias décadas en México, ahora otra vez vecino del pueblo, después de volver, ya dos décadas antes, a su casa de estilo colonial con una enorme **fortuna** (Vermögen).

Antes de acercarme, Valentín sacó una pequeña botella del bolsillo de la chaqueta y sirvió un poco de licor en un vaso que levantó al aire en un gesto de **brindis** (Prosit) en honor de la **difunta** (Verstorbene). Después de beberlo, volvió a llenar el vaso de licor y lo puso al lado del plato de pulpo.

En ese momento me acerqué con la sensación extraña de llegar sin invitación a una **ceremonia** (Zeremonie) privada.

Valentín, muy sorprendido, levantó la cabeza y me miró casi llorando con los ojos llenos de **lágrimas** (Tränen).

—Tu madre y yo nos quisimos mucho.

* Fiesta de tradición maya en Yucatán/México (del 31 de octubre al 2 de noviembre) en la que se les ofrece comida a los muertos.

en el cementerio
auf dem Friedhof
el entierro
Beerdigung, Beisetzung
el ataúd
Sarg
el/la difunto/-a
Verstorbene/r
el funeral
Beerdigung
la urna
Urne
la ceremonia
Zeremonie
el tanatorio
Leichenhalle
el pésame
Beileid
el crematorio
Krematorium
la esquela
Todesanzeige
la cinta
de recuerdo
Trauerschleife
la corona
Kranz
las flores
Blumen
el ramo
Strauß
el crisantemo
Chrysantheme
la rosa
Rose
la azucena
Lilie

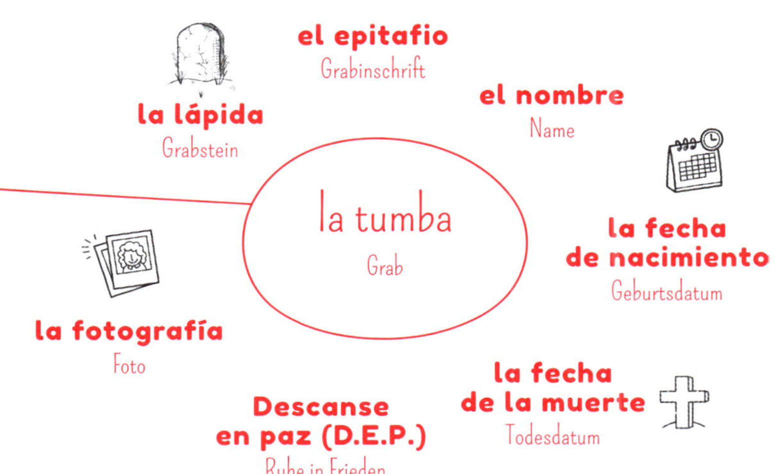

la tumba
Grab
la lápida
Grabstein
el epitafio
Grabinschrift
el nombre
Name
la fecha de nacimiento
Geburtsdatum
la fecha de la muerte
Todesdatum
Descanse en paz (D.E.P.)
Ruhe in Frieden
la fotografía
Foto

el luto
Trauer
la tristeza
Traurigkeit
el dolor
Schmerz
la lágrima
Träne
el sufrimiento
Leid
el recuerdo
Erinnerung
el llanto
Weinen

La luna

Ser **amo de casa** (Hausmann) suena aún raro. Pero eso era él. Su sueño era ser pintor, pero no tenía suerte con sus cuadros. Sandra, su mujer, era la que trabajaba fuera. Era **periodista** (Journalistin) de un canal de televisión muy importante. **Se dedicaba** (Sie widmete sich) sobre todo a la investigación. Mientras él **pasaba el aspirador** (staubsaugte), **fregaba el suelo** (den Boden nass wischte) o **quitaba el polvo** (Staub wischte), Sandra se metía en **barrios marginales** (Randbezirke) para escribir sobre el tráfico de drogas o en un partido político para publicar sus casos de corrupción. La comunicación entre ellos no era mala. Tampoco buena. Simplemente casi no había desde que su bebé había muerto de **muerte súbita** (plötzlicher Kindstod) a los pocos días de nacer. Sandra se iba temprano y volvía tarde. Él le dejaba la cena en el **microondas** (Mikrowelle) y la ropa **planchada** (gebügelt) encima de la cama. Un día, cuando se levantó, vio que Sandra no había vuelto. La llamó, pero el teléfono móvil estaba apagado. Marcos continuó con su rutina diaria: fue a la compra, **limpió** (putzte) los **cristales** (Fensterscheiben), puso un par de **lavadoras** (Waschmaschinen). Por la noche, intentó de nuevo localizar a Sandra y el teléfono seguía **desconectado** (ausgeschaltet). Entonces empezó a preocuparse en serio. Fue al cuarto de trabajo de Sandra. Vio varios cuadernos con notas y **recortes de periódicos** (Zeitungsausschnitte). Entonces se le ocurrió mirar el **historial de búsqueda** (Suchverlauf) del ordenador. Sandra parecía estar investigando una secta. En apariencia, era un centro de ayuda psicológica y espiritual para **procesos de luto** (Trauerprozesse). Sin embargo, muchas personas que habían estado en contacto con la organización habían desaparecido. Al día siguiente se acercó hasta la dirección de la secta. Era un edificio normal con un jardín. Dio un par de vueltas. En la entrada había un **tablón de anuncios** (Schwarzes Brett) con fechas de reuniones informativas y, sorpresa, una oferta de trabajo: buscaban personal de limpieza. Esa tarde regresó para **presentar su solicitud** (seine Bewerbung abzugeben).

Le sorprendió recibir una llamada al día siguiente:

—¿Puede empezar hoy mismo? La persona que teníamos nos ha dejado sin avisar —le dijo la mujer al teléfono.

Sus tareas eran las mismas que en casa. Tenía que limpiar el **edificio principal** (Hauptgebäude) que era básicamente un pasillo largo con oficinas a los lados y un jardín al final. Limpiaba todo con los ojos bien abiertos, pero realmente nada parecía **sospechoso** (verdächtig).

Pero ¿qué había al otro lado del jardín? Decidió esconderse dentro de un armario para investigar por la noche.

Cuando el edificio se quedó en silencio, Marcos salió del armario y fue hacia la puerta que llevaba al jardín. Estaba abierta. La luna llena le permitía ver con bastante claridad. Y entonces escuchó unas voces. Fue caminando lentamente y al final vio un grupo de personas **encapuchadas** (vermummt) alrededor de un **ataúd** (Sarg).

—Hermana —dijo una voz—. Te enviamos hoy al viaje más hermoso para unirte con tus **seres** (Menschen) amados.

Marcos vio entonces ¡que dentro del ataúd estaba Sandra con las manos y pies **atados** (zusammengebunden) y una **mordaza** (Knebel) en la boca!

Una de las figuras cerró el ataúd y entre varios lo metieron en un Loch **agujero** en el suelo y empezaron a echar tierra encima. Marcos escribió un mensaje a la policía con sus coordenadas, cogió una Schaufel **pala** que había cerca y corrió gritando hacia el grupo.

La policía llegó justo para salvarlo a él y sacar a Sandra con vida del ataúd. La vida entre ellos regresó a la normalidad de antes. Hablaban más y empezaron a hacer planes de viajes. Incluso Marcos recibió una oferta de exposición.

Una noche se despertó. Tenía los manos y pies atados, una mordaza en la boca y encima de él la luna. Unas figuras cerraron el ataúd sobre él. Sintió cómo lo metían en un agujero y empezaban a echar tierra.

—Te enviamos al viaje más hermoso —dijeron las voces.

—Yo sé que tú mataste a nuestro bebé —oyó a Sandra decir.

Luego, el silencio.

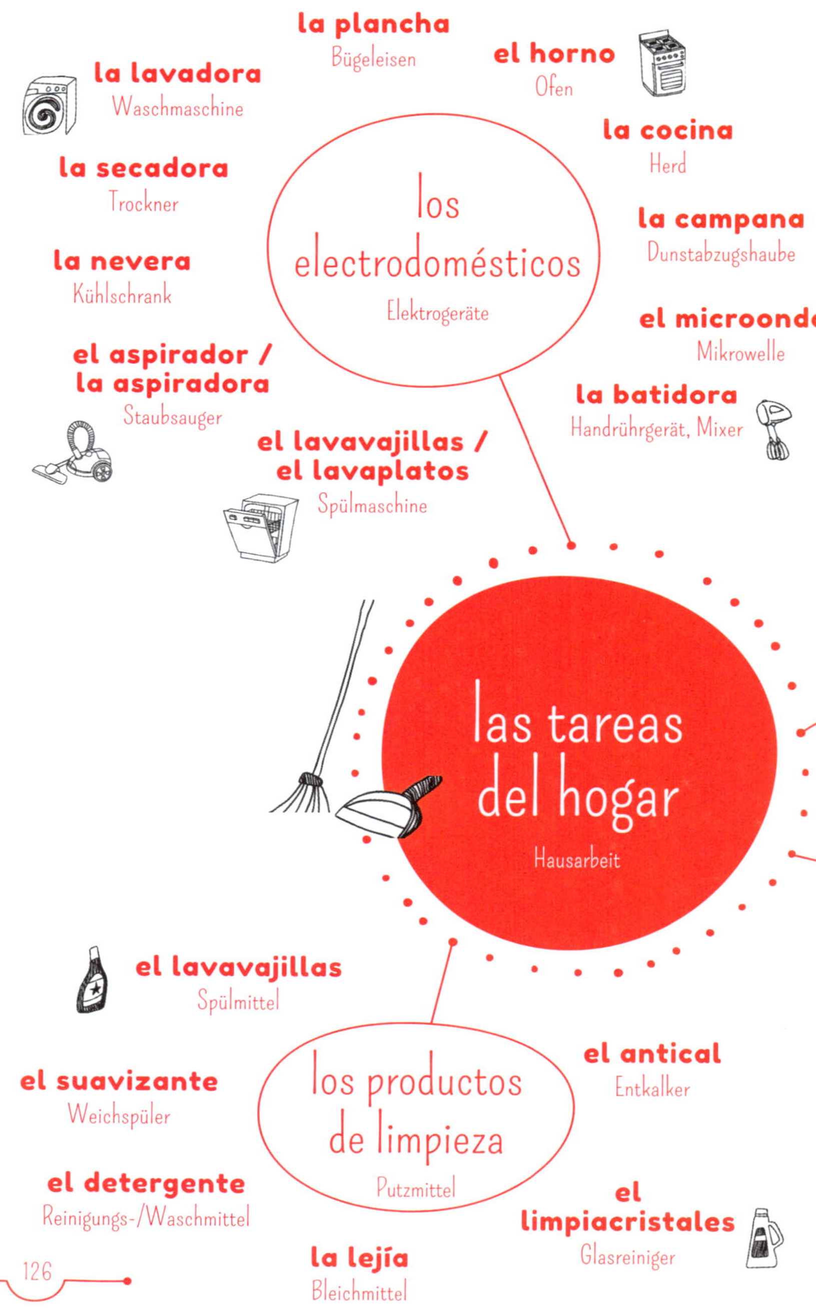
la plancha
Bügeleisen
el horno
Ofen
la lavadora
Waschmaschine
la cocina
Herd
la secadora
Trockner
los electrodomésticos
Elektrogeräte
la campana
Dunstabzugshaube
la nevera
Kühlschrank
el microondas
Mikrowelle
el aspirador /
la aspiradora
Staubsauger
la batidora
Handrührgerät, Mixer
el lavavajillas /
el lavaplatos
Spülmaschine
las tareas
del hogar
Hausarbeit
el lavavajillas
Spülmittel
el antical
Entkalker
el suavizante
Weichspüler
los productos
de limpieza
Putzmittel
el detergente
Reinigungs-/Waschmittel
el
limpiacristales
Glasreiniger
la lejía
Bleichmittel

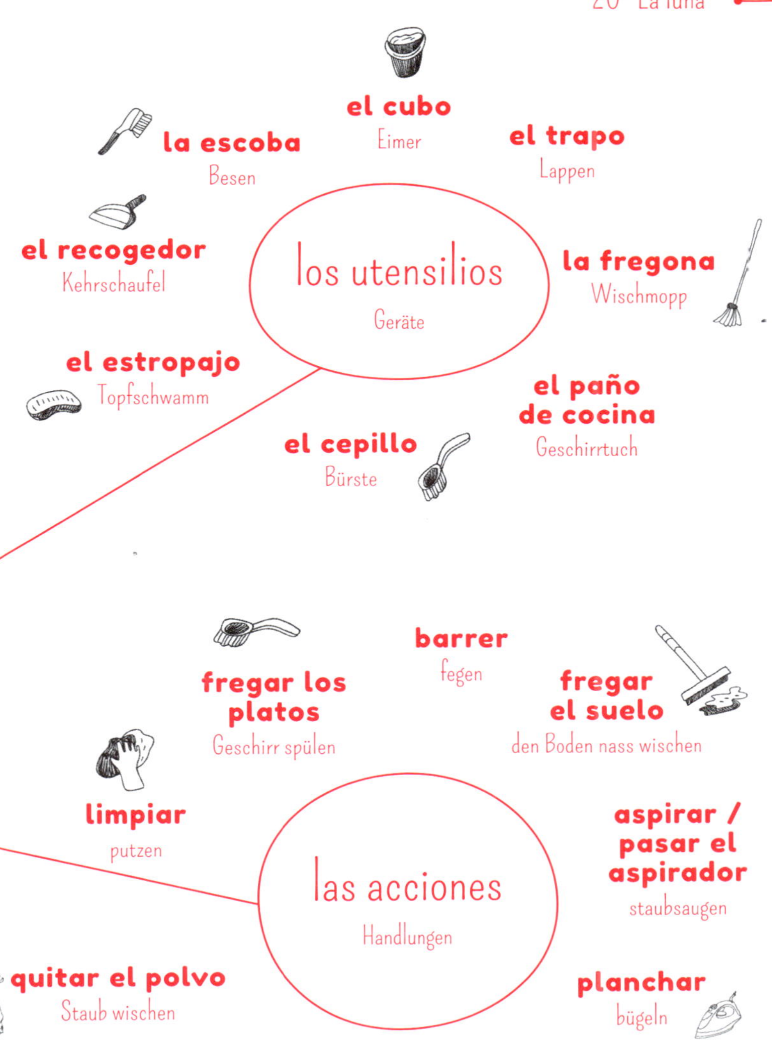
el cubo
Eimer
la escoba
Besen
el trapo
Lappen
el recogedor
Kehrschaufel
los utensilios
Geräte
la fregona
Wischmopp
el estropajo
Topfschwamm
el paño
de cocina
Geschirrtuch
el cepillo
Bürste
barrer
fegen
fregar los
platos
Geschirr spülen
fregar
el suelo
den Boden nass wischen
limpiar
putzen
aspirar /
pasar el
aspirador
staubsaugen
las acciones
Handlungen
quitar el polvo
Staub wischen
planchar
bügeln
ordenar
aufräumen
lavar
waschen
tender
aufhängen

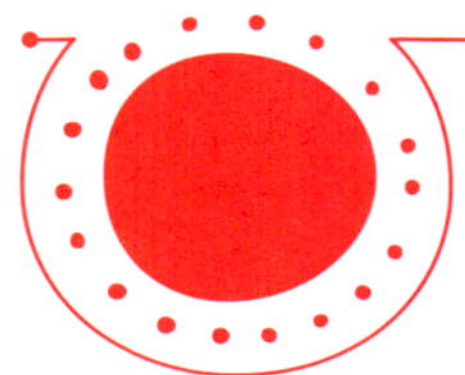

Bildquellenverzeichnis

S. 12: Getty Images/MatoomMi; **S. 12:** Getty Images/anttohoho; **S. 12:** Getty Images/FrankRamspott; **S. 12, 13:** Shutterstock/Netkoff; **S. 12, 13, 19, 24, 43, 91, 109:** Shutterstock/mhatzapa; **S. 12, 36, 48, 55, 109, 121:** Shutterstock/Daniela Barreto; **S. 12, 54, 96, 97, 109, 121, 126, 127:** Getty Images/topform84; **S. 13:** Getty Images/ElenaLux; **S. 13, 61, 85:** Getty Images/LokFung; **S. 18:** Shutterstock/Tatyana Okhitina; **S. 18, 121:** Getty Images/Akiko Maki; **S. 19, 24, 49, 90, 91, 103:** Getty Images/frimages; **S. 19, 66, 67:** Shutterstock/redchocolate; **S. 24, 25, 108:** Adobe Stock/jivopira; **S. 24, 48, 49:** Shutterstock/Nikolaeva; **S. 25:** Getty Images/kimberrywood; **S. 25:** Shutterstock/josep perianes jorba; **S. 25, 103:** Getty Images/Bubert; **S. 25, 43, 55, 84, 126:** Shutterstock/primiaou; **S. 30:** Shutterstock/Tippawan Kunkeaw; **S. 30, 31:** Shutterstock/Ohn Mar; **S. 30, 31, 79, 121:** Getty Images/fleaz; **S. 30, 55:** Shutterstock/topform; **S. 31, 42:** Getty Images/Dina Mariani; **S. 36:** Shutterstock/Fafarumba; **S. 36.2:** Getty Images/WINS86; **S. 36, 37:** Shutterstock/Drawlab19; **S. 37:** Shutterstock/Kwok Design; **S. 37:** Fotolia/tbob j. affelwoolf; **S. 37, 73:** Shutterstock/Alex Blogoodf; **S. 37, 103:** Getty Images/Bakai; **S. 42:** Getty Images/rakushka13sell; **S. 42:** Shutterstock/Chief Crow Daria; **S. 42, 43:** Shutterstock/jesadaphorn; **S. 42, 90:** Shutterstock/olllikeballoon; **S. 42, 102, 103:** Shutterstock/schiva; **S. 43:** Shutterstock/gigi rosa; **S. 43, 91, 115:** Getty Images/kyuree; **S. 48:** Shutterstock/Martina V; **S. 48, 49:** Getty Images/kostenkodesign; **S. 48, 49, 54, 55, 90, 91:** Shutterstock/Prokhorovich; **S. 48, 127:** Shutterstock/GooseFrol; **S. 49:** Shutterstock/tsaplia; **S. 54:** Getty Images/kadirkaba; **S. 54, 66:** Shutterstock/Maria Averburg; **S. 55:** Shutterstock/Natasha Pankina; **S. 55, 121:** Shutterstock/Freud; **S. 60:** Shutterstock/Artur Balytskyi; **S. 60, 61:** Getty Images/Igor Zakowski; **S. 60, 61:** Shutterstock/bioraven; **S. 61:** Shutterstock/nubenamo; **S. 61, 67, 90:** Getty Images/IgorZakowski; **S. 61, 79:** Shutterstock/KateMacate; **S. 66:** Shutterstock/Yurchenko Yulia; **S. 66:** Shutterstock/Taxiro; **S. 67:** Getty Images/yuoak; **S. 67:** Getty Images/MsMoloko; **S. 72, 73, 97:** Shutterstock/Farah Sadikhova; **S. 72, 97:** Shutterstock/Oldesign; **S. 72, 97, 102, 103, 109:** Shutterstock/AuraArt; **S. 73:** Getty Images/Natasha_Pankina; **S. 78:** Shutterstock/Sasha Mosyagina; **S. 78:** Shutterstock/Katerin_vin; **S. 78.1:** Shutterstock/NataLima; **S. 78, 79:** Shutterstock/Valeriya_Dor; **S. 78, 79.4:** Shutterstock/Orfeev; **S. 79:** Shutterstock/browndogstudios; **S. 84:** Shutterstock/Leremy; **S. 84:** Shutterstock/Saint A; **S. 84, 85:** Shutterstock/ArtAllAnd; **S. 84, 85:** Shutterstock/Aleksandra Novakovic; **S. 85:** Getty Images/AnnaLugova; **S. 85, 102, 103:** Shutterstock/VectorPot; **S. 85, 103, 115:** Shutterstock/artnLera; **S. 85, 109:** Shutterstock/Victoria Sergeeva; **S. 90, 114:** Getty Images/macrovector; **S. 90, 91:** Shutterstock/JosepPerianes; **S. 90, 91:** Shutterstock/Tiwat K; **S. 91, 108, 114:** Getty Images/jamtoons; **S. 96, 97:** Getty Images/insemar; **S. 97:** Shutterstock/Pinchuk Oleksandra; **S. 103:** Shutterstock/DOCTOR BLACK; **S. 103:** Getty Images/Visual Generation; **S. 103:** Shutterstock/Kiarnight; **S. 108:** Shutterstock/shooarts; **S. 108:** Shutterstock/Goodreason; **S. 108:** Shutterstock/Sapunkele; **S. 108:** Getty Images/kates_illustrations; **S. 108, 109:** Shutterstock/Laifalight; **S. 109:** Shutterstock/Canicula; **S. 114:** Shutterstock/Aleron Val; **S. 114:** Shutterstock/nataniki; **S. 114, 115:** Shutterstock/Natalie MAY; **S. 114, 115:** Getty Images/veekicl; **S. 120:** Shutterstock/Ihnatovich Maryia; **S. 120:** Shutterstock/KseniaT; **S. 120:** Shutterstock/geraria; **S. 120:** Shutterstock/Katerina Kirilova; **S. 121:** Shutterstock/autumnn; **S. 121:** Shutterstock/antlexx; **S. 127:** Shutterstock/H Art; **U1:** Getty Images/DjelicS; **U1:** Shutterstock/GCapture; **U1:** Shutterstock/Atstock Productions